Jacob Henle

Theodor Schwann: Nachruf

Jacob Henle

Theodor Schwann: Nachruf

ISBN/EAN: 9783744639194

Hergestellt in Europa, USA, Kanada, Australien, Japan

Cover: Foto ©ninafisch / pixelio.de

Weitere Bücher finden Sie auf **www.hansebooks.com**

THEODOR SCHWANN.

NACHRUF

VON

J. HENLE.

BONN

VERLAG VON MAX COHEN & SOHN (FR. COHEN)

1882.

Am 23. Juni 1878 bereitete die Universität Lüttich ihrem weltberühmten Mitgliede, Theodor Schwann, zur Feier der Vollendung des 40. Jahres seines Lehramtes eine Ovation, an welcher die Universitäten und Akademien aller civilisirten Länder sich betheiligten. Die zahlreichen Wünsche und nach dem damaligen Befinden des Jubilars berechtigten Hoffnungen, dass ihm noch eine lange Reihe von Jahren wissenschaftlicher Thätigkeit vergönnt sein möge, sollten nicht in Erfüllung gehn. Bald nach jenem Ehrentage legte er die Professur nieder und auch das wohlverdiente Otium cum dignitate durfte er nicht lange geniessen. Am 12. Januar d. J. erschütterte die Nachricht seines am vorhergegangenen Tage erfolgten Todes seine Freunde und Verehrer und forderte auf's Neue auf, der unvergänglichen Dienste, die dieser seltene Geist den organischen Naturwissenschaften geleistet, zu gedenken. Wenn ich mich berufen fühle, diesem Gedenken öffentlichen Ausdruck zu geben, so ist es, weil ich dem Verstorbenen in der schaffensfreudigsten Zeit seines Lebens nahe gestanden, in Berlin in Einem Hause und im täglichen Verkehr mit ihm die Entwicklung seiner Thätigkeit beobachtet habe. Ich sehe ihn vor mir, ein Männchen unter Mittelgrösse, mit bartlosem Gesicht, von fast kindlichem und stets heiterm Ausdruck, mit schlichtem aber aufstrebendem dunkelblondem Haar, in pelzverbrämtem Schlafrock, im engen, etwas düstern Hinterzimmer des zweiten Stocks einer Restauration (Ecke Friedrichs- und Mohrenstrasse) weniger als zweiten Ranges, das er oft Tage hintereinander nicht verliess, umgeben von wenigen Büchern, aber von unzähligen Glaskölbchen, Fläschchen, Reagenzgläschen und selbstverfertigten primitiven Apparaten. Oder ich versetze mich zurück in die Arbeitsräume des euphemistisch sogenannten anatomischen Instituts hinter der Garnisonkirche, in welchen wir neben unserm gütigen Chef, Johannes Müller, bis zum späten Nachmittag verweilten. Wir hielten Jeder, um die hellen Stunden nicht zu versäumen, unsere Hauptmahlzeiten nach englischer Sitte und vereinigten uns um die Mittagsstunde in dem Zimmer des Directors zu einem zweiten Frühstück, zu welchem die Frau Castellanin die Speisen, wir, einander überbietend, den Wein und die heitere Laune lieferten.

Es waren die glücklichen Tage, um die uns die heutige Generation beneiden mag, da aus den Werkstätten von Plössl in Wien und von Pistor und Schiek in Berlin die ersten guten, handlichen und aus den Ersparnissen eines studentischen Wechsels erschwinglichen Mikroskope hervorgingen, die glücklichen Tage, da es noch möglich war, durch Schaben mit der Schneide des Skalpells oder mit dem Fingernagel über eine thierische Membran fundamentale Entdeckungen zu machen. Schwann betheiligte sich eifrig an den mikroskopischen Untersuchungen, die Joh. Müller schon damals mehr anregte, als selbst bearbeitete; aber mit noch lebhafterem Feuer wandte er sich Aufgaben zu, die einer experimentellen Lösung fähig waren. Darin folgte er offenbar einem angebornen Triebe, der ihn bereits auf der Schule zum Studium der Physik hingezogen hatte. Er betrieb dasselbe nicht nur theoretisch, sondern füllte seine freien Stunden auch, von dem nächstälteren Bruder, der sich der Goldschmiedekunst widmete, unterstützt, mit der Anfertigung von mancherlei physikalischen, namentlich elektrischen Apparaten aus. Der Neigung, sich von den ernsteren Berufsarbeiten an derartigen, mehr mechanischen Beschäftigungen zu erholen, ist er sein Leben lang treu geblieben. Als Daguerre durch den von der französischen Akademie ausgesetzten Jahrgehalt bewogen worden war, die nach ihm benannte Erfindung zu veröffentlichen, wandte Schwann eine Reise nach Paris daran, um die Kunst zu erlernen und seine Familie befindet sich noch heute im Besitz einiger von ihm angefertigten Daguerrotypien. In seinen letzten Jahren war er, wie ich von seinem Collegen, Prof. Frédéricq, erfahren, Mitglied einer photographischen Gesellschaft und verlegte sich auf photographische Aufnahmen. Seiner Liebhaberei au praktischer Bethätigung verdankt ein Apparat den Ursprung, der im Jahre 1878 in Paris ausgestellt war[1]) und den Zweck hatte, den mehrstündigen Aufenthalt in irrespirabler Luft zu ermöglichen dadurch, dass in Gefässen, die in einem Tornister auf den Rücken getragen und durch Schläuche mit der Mundöffnung des Trägers verbunden werden sollten, die Kohlensäure der Ausathmungsluft absorbirt und Sauerstoff vorräthig gehalten wurde.

Th. Schwann ist als der vierte Sohn einer kinderreichen Familie — er besass 12 Geschwister — am 7. December 1810 in Neuss geboren, wo sein Vater eine noch blühende Buchhandlung errichtet hatte. Er besuchte zuerst die Elementarschule, dann, vom 10. Jahre an bis zum 16., das Progymnasium in Neuss, unter Glasmacher's Direction, und ferner 3 Jahre lang das ehemalige Jesuitengymnasium in Köln, welchem als Director Birnbaum vorstand. Im Herbst 1829 bezog Schwann die Universität Bonn, wo er bis zum Herbst 1831 verblieb. Neben der grossen Anzahl der üblichen naturwissenschaftlichen und medicinischen Collegien und den zu jener Zeit noch obligatorischen Vorlesungen über Logik und Psychologie hörte Schwann in jenen vier Semestern Plücker's höhere Algebra, Hermes' philosophische Einleitung in die katholische Theologie und Delbrueck's Erklärung des Cicero de officiis. Er hatte damals schon Joh. Müller's Aufmerksamkeit auf sich gelenkt und assistirte demselben bei Vivisectionen, namentlich bei den Versuchen an Fröschen über die Rückenmarksnervenwurzeln. Doch zog ihn, der medicinischen Fächer wegen, das Ansehen, in welchem Schönlein stand, nach Würzburg, wo er sich drei Semester lang den klinischen Studien widmete. Das letzte Semester, vom Herbst 1833 bis Ostern 1834 brachte er in Berlin zu mit dem Besuch der Kliniken, mit dem medicinischen Staatsexamen und mit der Ausarbeitung seiner Dissertation. Um das Thema der letztern hatte er Joh. Müller angegangen, der unterdessen die durch Rudolphi's Tod verwaiste Professur der Anatomie in Berlin

---

1) Déscription de deux appareils permettant de vivre dans un milieu irréspirable, inventés par Th. Schwann. Liège 1878.

eingenommen und mit dem ihm eigenen Scharfblick die specifische Begabung seines Schülers erkannt hatte. Müller säumte demnach auch nicht, als im Herbst 1834 sein zweiter Prosector, d'Alton, nach Halle berufen und ich in dessen Stelle eingerückt war, durch Uebertragung der frei gewordenen Gehülfenstelle am anatomischen Museum Schwann an Berlin zu fesseln. In dieser bescheidenen Stellung, die mit einem Gehalt von monatlich 10 Thlrn. dotirt war, verharrte Schwann die nächsten Jahre, ganz seinen Arbeiten hingegeben, die ihm keine Zeit liessen, an die Vorbereitung einer akademischen Laufbahn zu denken, zu welcher allerdings die damaligen Verhältnisse der Berliner Facultät, bei zwei Ordinarien der Anatomie und dreifach besetzter Professur der Physiologie (Müller, Schultz und Horkel) nur geringe Aussicht gewährten. Sie bot sich ihm ungesucht, da die seltene Vereinigung vollendeter naturwissenschaftlicher Bildung und streng religiöser Gesinnung die Augen der katholischen Universität Löwen auf ihn lenkte. Im Herbst 1839 folgte er dem Rufe dahin an die durch Windischmann's Tod erledigte Professur der Anatomie. Die jüngeren Genossen feierten·seine Ernennung und seinen Abschied mit einem freundschaftlichen Mahle. Ich kann mir nicht versagen, aus dem Toaste, den unser Festredner Ad. Schöll bei dieser Gelegenheit sprach, ein paar in meinem Gedächtniss haften gebliebene Strophen mitzutheilen, weil sie, wenn auch in scherzhafter Form, die Werthschätzung ausdrücken, die der Zellentheorie von ihrer ersten Entstehung an zu Theil wurde. Sie lauten:

> Wovon man schon im alten Testament
> Die Profezeiung deutlich erkennt:
> Denn wie der Mann, der die Philister geschlagen
> In einem Löwen fand Bienenzellen,
> So findet jetzt Löwen im Manne der Zellen
> Den Simson,˝der die Philister wird schlagen.
> Und wie Simson ein Räthsel daraus machte mit Ehren,
> Woraus Niemand die Zellen im Löwen erkannte,
> Wird hinwieder mit Ehren der Ebengenannte
> Alle Räthsel aus Zellen in Löwen erklären.

Im Jahre 1848 siedelte Schwann von Löwen nach Lüttich über, wo ihm von Staats wegen zuerst die Professur der allgemeinen und speciellen Anatomie und 10 Jahre später, als Prof. Spring zur

Klinik überging, dessen Professur der Physiologie und ver-
gleichenden Anatomie übertragen wurde. Wie er in diesen verschiedenen Lehrämtern seine Schüler anzuregen und deren Sym-
pathie zu gewinnen wusste, dafür liegen deren beredte Zeugnisse
bei seinem Jubiläum und seinem Leichenbegängnisse vor. Sein Leben
und Wirken an den belgischen Hochschulen und seine Theilnahme
an den Arbeiten der wissenschaftlichen Institute des Landes genauer zu schildern, muss ich seinen Adoptivlandsleuten überlassen
und darf dies um so eher, da nach sicherem Vernehmen, von Seiten
der Lütticher. medicinischen Facultät ein biographisches Denkmal
des gefeierten Collegen vorbereitet wird. Doch halte ich mich
für befugt, einen Beitrag dazu zu liefern, der vielleicht nur mir
bekannt und geeignet ist, die hier und da laut gewordenen Stimmen
zum Schweigen zu bringen, die es den deutschen Universitäten
zum Vorwurf machen, einen Mann von solcher Bedeutung dem
Ausland überlassen zu haben. Im Anfang des Jahres 1854, vor
Bischoff's Berufung nach München und zu einer Zeit, wo die
Unterhandlungen mit diesem Gelehrten resultatlos verlaufen zu
wollen schienen, veranlasste mich im Auftrage des baierischen
Cultusministers von Zwehl mein Freund Pfeufer, eine Anfrage
an Schwann zu richten, ob er sich zur Uebernahme der Mün-
chener Professur bereit finden lassen werde. Seine Antwort
lautete so ablehnend wie möglich. Indem er mir das Behagen
seiner bürgerlichen Stellung und seines häuslichen Junggesellen-
thums schilderte, fügte er die Versicherung hinzu, dass er nicht
die geringste Neigung empfinde, sich in das Gezänk der deutschen
Histologen einzumischen. Ohne Zweifel ist diese Versuchung, ihn
dem Lande seiner Wahl zu entreissen, nicht die einzige geblieben;
er selbst erwähnt in einer Eingabe an das belgische Ministerium,
deren Brouillon sich unter seinen nachgelassenen Papieren befand,
ausser der Vocation nach München, noch drei andere, nach Breslau
(1852), Würzburg (1854) und Giessen (1855). Aber keine erschien
ihm verführerisch und selbst nach dem Rücktritt vom Amte be-
hielt er sein Domicil in Lüttich bei und brachte, wie vordem,
nur die Ferien bei den Verwandten in Neuss, Köln oder Düssel-
dorf zu.

Bis in sein 70. Jahr erfreute sich Schwann einer ungetrübten
Gesundheit und Rüstigkeit. Auch noch im Schuljahre 1879—1880
trug er einen Theil der Physiologie vor, obschon er bereits Ende

1879 seine Emeritirung nachgesucht und einen Nachfolger in der Person des von Gent berufenen Prof. Léon Frédéricq erhalten hatte. Im Herbst 1880 entsagte er gänzlich der akademischen Thätigkeit. Er litt an Anfällen von Schwindel und Beklemmung. Als Quelle dieser Leiden hatte unser gemeinschaftlicher Freund, Sanitätsrath Straeter in Aachen, schon zu Anfang des Jahres 1881 Anomalien der Herzklappen constatirt. Auf dieselbe Ursache ist wohl der apoplectische Anfall zurückzuführen, dem Schwann ein Jahr später während eines weihnächtlichen Besuchs im Hause seines Bruders in Köln nach 14tägiger Krankheit erlag. Er ruht, wie es sein Wunsch gewesen war, in heimatlicher Erde. An den Trauer-feierlichkeiten betheiligten sich Deputationen der Lütticher Pro-fessoren- und Studentenschaft, sowie der Bonner medicinischen Facultät.

Vor dem Glanz, den die Entdeckung der Uebereinstimmung thierischer und pflanzlicher Elementartheile verbreitete, mussten die früheren Arbeiten Schwann's erbleichen. Es waren manche darunter, die für sich allein hingereicht hätten, dem Namen des Verfassers Unsterblichkeit zu verleihen. Schon seine Inaugural-Dissertation, die am 31. Mai 1834 vertheidigt wurde, löste definitiv eine Aufgabe, an welcher Naturforscher, wie Erman[1]) und Viborg[2]) sich versucht hatten, ohne ein entscheidendes Resultat zu erzielen. „De necessitate aëris atmosphaerici ad evolutionem pulli in ovo incubato" lautet der Titel der Joh. Müller gewidmeten Abhandlung. Die Frage, ob der Embryo im Ei athme, kann, wie Schwann er-örtert, auf doppeltem Wege beantwortet werden, auf indirectem, indem man ermittelt, ob bei gehinderter Respiration Entwicklung Statt finde, und auf directem, indem man an der Athemluft und an dem Embryo selbst nach den Veränderungen sucht, die die Respiration bewirkt. Auf Grund der letztgenannten Methode hatten Emmert und Blumenbach den Beweis für die respiratorische Thä-tigkeit des Hühnchens im Ei geführt, indem sie zeigten, dass die Farbe des Bluts in den Gefässen der Allantois an der Luft heller wird. Damit blieb aber das Verhalten des Embryo vor der Bil-dung der Allantois unaufgeklärt. Den Angaben von Erman und

---

1) Oken's Isis. 1818. T. D.
2) Abhandlungen für Thierärzte und Oekonomen. IV, 445.

Viborg, dass die die Eier umgebende Luft während der Bebrütung ihre Zusammensetzung nicht ändere, widersprach Dulk's Analyse des Luftraums der Eier[1]), in welchem er vor der Bebrütung 25 bis 26 Procent Sauerstoff, nach begonnener Bebrütung 17,9 Procent Sauerstoff und 6 Procent Kohlensäure fand. Nicht besser stimmten die von Erman und Viborg auf indirectem Wege angestellten Versuche an Eiern, die mit einem impermeabeln Ueberzug versehen oder in Wasser oder in unathembaren Gasarten ausgebrütet worden waren. Schwann bediente sich ausschliesslich der indirecten Methode: er legte die Eier in ein hermetisch verschlossenes Gefäss, welches mit Hülfe der Luftpumpe luftleer gemacht oder an Stelle der atmosphärischen Luft mit Wasserstoff-, Stickstoff- oder kohlensauerm Gase gefüllt wurde. Das Gefäss wurde in den Brütofen gesetzt zugleich mit einigen Eiern, die zur Vergleichung frei daneben lagen. Die zahlreichen Experimente werden in zwei Reihen vorgeführt: die der ersten Reihe sollten darüber Aufschluss geben, ob der Keim ohne Sauerstoff sich überhaupt zu entwickeln beginne; dazu mussten die Eier längere Zeit (4—14) Tage der Brutwärme ausgesetzt werden. Gaben diese Versuche ein positives Resultat, so sollte sich aus denen der zweiten Reihe ergeben, bis zu welchem Stadium der Entwicklung die Eier ohne Sauerstoff ausdauern und entwicklungsfähig bleiben; dazu war es nöthig, die Bebrütung in unathembaren Gasen rechtzeitig zu unterbrechen und in atmosphärischer Luft fortzusetzen. In der ersten Versuchsreihe zeigten die Eier Spuren von Entwicklung, doch war die Keimscheibe stets zerstört. Die zweite Reihe ergab, dass im Wasserstoffgas die Entwicklung bis zur Trennung der Keimblätter und der Area pellucida vor sich geht; sie bleibt vor der Anlage des Primitivstreifens und des Blutes stehn. Da diese unter normalen Verhältnissen um die 15. Stunde beginnt, so musste geschlossen werden, dass um diese Zeit die Entwicklung in unathembaren Gasen ihr Ende erreicht. Da aber der Stillstand der Entwicklung nicht zugleich den Abschluss der Entwicklungsfähigkeit bedeutet, wie ja auch Erwachsene noch eine Zeitlang, nachdem ihre Respiration unterbrochen worden, ins Leben zurückgerufen werden können, galt es zu ermitteln, bis zu welchem Zeitpunkt Eier, die die ersten Entwicklungsstadien ohne Sauerstoff durchgemacht haben,

---

1) Schweigger's Journ. 1830. I, 336.

sich auf der erreichten Stufe lebensfähig erhalten. Dies wurde durch Uebertragung der Eier aus der unathembaren Atmosphäre in eine athembare erreicht. Nach 24 Stunden Aufenthalt in Wasserstoff setzten die Eier ihre Entwicklung in atmosphärischer Luft fort, nach 30 Stunden nicht mehr, doch hatten die Gebilde, die zu ihrer Entwicklung des Sauerstoffs nicht bedürfen, noch etwas an Ausdehnung zugenommen.

Unter den von S c h w a n n zur Disputation aufgestellten Thesen heisst die erste: Infusoria non oriuntur generatione aequivoca. Daraus erhellt, dass seine Gedanken sich schon damals mit dem viel ventilirten Gegenstande beschäftigten, dem er wenige Jahre später eine neue Wendung gab. Inzwischen folgte er der Aufforderung J o h. Müller's zur Bearbeitung einer Frage der physiologischen Chemie, die nicht nur ihres unmittelbaren Interesses wegen, sondern auch als ein weiterer Schritt zur Befreiung der Physiologie aus den Banden des Vitalismus die Gemüther erregte. In seinem ersten Jahresbericht[1]) zählt M ü l l e r neben den beiden grossen Entdeckungen, die die Geschichte der Physiologie aufzuweisen habe, neben der Entdeckung des Kreislaufs und der verschiedenen Functionen der hintern und vordern Wurzeln des Rückenmarks, als dritte die von W ö h l e r ausgeführte künstliche Darstellung des Harnstoffs auf. Wie musste ihn die Thatsache begeistern, dass mit dem dem Magen entnommenen Secret, ja mit einer Mischung von Schleim und käuflicher Säure Eiweiss und Fleisch sich im Brütofen ebenso lösen und verdauen lassen, wie im lebenden Magen. Zwar hatten schon S p a l l a n z a n i, so wie T i e d e m a n n und G m e l i n den Magensaft, den sie aus Vögeln und Hunden durch verschiedene Proceduren gewannen, ausserhalb des thierischen Körpers auf feste Nahrungsmittel wirken lassen und Anfänge der Verdauung constatirt; aber der Zweifel an der Zuverlässigkeit ihrer Versuche verstummte erst, als eine durch Zufall im Jahre 1834 an einem lebenden Menschen angelegte Magenfistel dem amerikanischen Arzte B e a u m o n t[2]) Gelegenheit gab, den Verdauungsprocess in seinen verschiedenen Phasen zu studiren und Tag für Tag mit dem menschlichen Magensafte zu

---

1) Archiv 1834. S. 1.

2) Experiments and observations on the gastric juice and the physiology of digestion. Boston 1834.

experimentiren. Eberle in Würzburg[1]) ging einen Schritt weiter
und bereitete künstlichen Magensaft, indem er die von der Muskel-
haut losgelöste und getrocknete Schleimhaut des Labmagens mit
Wasser auszog und das Extract mit Säure versetzte. Der Jahrgang
1836 von Müller's Archiv enthält zwei Abhandlungen über diese
Materie, die erste[2]) von Müller und Schwann, Versuche über die
künstliche Verdauung des geronnenen Eiweisses, die zweite[3]) von
Schwann allein, über das Wesen des Verdauungsprocesses. Die
erste berichtet von Experimenten, welche nach Eberle's Methode
und mit dem Erfolg unternommen waren, dessen Resultate in allen
wesentlichen Punkten zu bestätigen. Würfelchen von Muskelfleisch
und Eiweiss wurden mit gleichen Mengen verschiedener Säuren,
die Einen für sich, die andern mit den in Wasser gequollenen
Schleimhautstückchen einer Temperatur von 30 ° R. ausgesetzt. In
der reinen Säure behielten die Würfel ihre scharfen Kanten, ihre
Farbe und Consistenz, in dem sauern Magenschleim wurden sie
innerhalb 12—24 Stunden weich, schmierig, gallertartig durch-
sichtig; sie liessen sich leicht zerdrücken und zerflossen endlich
zwischen den Fingern. Auch darin stimmten die Erfahrungen von
Müller und Schwann mit denen Eberle's überein, dass die Lö-·
sungen nicht mehr die Reactionen des gelösten Eiweisses ergaben,
sondern, nach den Reactionen zu urtheilen, Osmazom und Speichel-
stoff enthielten, in die demnach das Eiweiss und der Faserstoff
sich umgewandelt haben mussten. Im Laufe der gemeinschaft-
lichen Untersuchungen hatte Schwann die Erfahrung gemacht,
dass das angesäuerte Extract der Magenschleimhaut noch nach
der Filtration durch Leinwand seine verdauende Wirkung übte
und Müller war hochherzig genug, seinem jugendlichen Mitarbeiter
die weitere Ausbeutung dieser Thatsache zu überlassen, welche
bewies, dass das wirksame Princip nicht im Schleim, der in
Wasser und Säure unlöslich ist, sondern in einer noch unbekann-
ten Substanz gesucht werden müsse. Schwann gelang es, dasselbe zu finden und durch die Operationen, mit denen er dies Ziel
erreicht, bewährt er eine Herrschaft über die Methoden der organischen Chemie, wie sie gewiss nur wenig Fachmännern seiner
Zeit eigen war.

---

1) Physiologie der Verdauung. Würzb. 1834.
2) S. 66.
3) S. 90.

Eberle hatte die Natur des chemischen Processes, dem das
Eiweiss unter der Einwirkung des sauern Schleims unterliegt,
nicht in den Kreis seiner Betrachtungen gezogen. Die Ansicht,
der Müller und Schwann sich zuneigten, so lange sie einem unlöslichen Stoff die verdauende Kraft zuschrieben, war, dass es
sich um eine Fermentwirkung, wie bei der Zerlegung des Zuckers
durch Hefe, handle, eine Wirkung, die man damals, nach Mitscherlich's Vorgang, damit erklärt zu haben meinte, dass man sie aus
dem Contact, aus der blossen Berührung des Ferments mit der
gährungsfähigen Substanz herleitete. Zur Prüfung dieser Frage
eröffneten sich dadurch, dass man das Verdauungsprincip in Lösung vor sich hatte, neue Wege. Schwann begann damit, die Rolle
zu studiren, welche die freie Säure spielt. Dass sie unentbehrlich
sei, war durch Versuche mit neutralisirter Verdauungsflüssigkeit
leicht dargethan. Ueber die Art ihrer Wirkung wird eine Reihe
von Vermuthungen aufgestellt und negativ beantwortet bis auf die
Eine, dass sie ohne eigene Zersetzung, durch ihren Contact, die
zu verdauenden Stoffe zur Zersetzung disponire. Dafür zeugt, dass
der Gehalt der Verdauungsflüssigkeit an freier Säure bei der Ver-
·dauung des Eiweisses unverändert bleibt. Wie verhält es sich
nun mit dem andern, neben der Säure in der Flüssigkeit enthaltenen wesentlichen Stoff? Geht er in gewöhnlicher Weise, nach
den Gesetzen der Wahlverwandtschaft, lösliche Verbindungen mit
dem Eiweiss oder dessen Bestandtheilen ein, oder muss auch sein
Einfluss den Contactwirkungen zugezählt werden? Zwei Kriterien
hatte Schwann aufgestellt, um von den Wirkungen der Wahlverwandtschaft die Contactwirkungen zu unterscheiden: das erste,
dass, entgegen den bestimmten und einfachen Proportionen, in
welchen bei den eigentlich chemischen Processen die Stoffe auftreten, bei den Contactwirkungen ein auffallendes Missverhältniss
der Quantität zwischen dem die Zersetzung einleitenden Körper
und den Producten der Zersetzung besteht; das zweite, dass
weder der die Zersetzung bewirkende Körper, noch einer seiner
Bestandtheile sich mit den Bestandtheilen des zersetzten Körpers
verbindet. Schwann versucht es zuerst mit dem ersten Kriterium
und bestimmt die Quantität des verdauenden Princips, die nothwendig ist, um eine bestimmte Quantität Eiweiss zu lösen. Es
ergab sich durch fortgesetzte Verdünnung der ursprünglichen Verdauungsflüssigkeit mit angesäuertem Wasser, dass eine Flüssigkeit,

welche 0,1 Gran fester Substanz enthält, hinreicht, um 10 Gran trocknes Eiweiss zu lösen, ungefähr dasselbe Verhältniss, in welchem nach Thénard bei der Weingährung die Hefe sich noch wirksam zeigt. Das zweite Kriterium traf nicht zu: die Kraft des Verdauungsprincips erwies sich als eine begrenzte, sie schwand allmählich in dem Maasse, wie sie zur Auflösung des Eiweisses verwandt wurde. Demnach musste angenommen werden, dass das Princip sich zersetze, ohne dass es jedoch möglich gewesen wäre, über die Producte der Zersetzung und deren Beziehungen zu den Zersetzungsproducten des verdauten Körpers Aufschluss zu erhalten. Auch hierin bewährte sich die Aehnlichkeit des Verdauungsprocesses mit dem Process der alkoholischen Gährung: bei dieser wird ebenfalls, freilich nur in reinem Zuckerwasser, das Ferment zerstört und was aus den Producten der Zerstörung wird, darüber sollte Schwann erst später durch seine eigenen Arbeiten aufgeklärt werden. Vorläufig räth er demnach, Gährung und Verdauung unter einen gemeinsamen Begriff zu bringen, indem man die Gährung definirt als freiwillige Zersetzung organischer Materien, hervorgerufen durch einen schon im Minimum wirksamen Stoff. Damit war wenigstens ein Anfang gemacht zur Auflösung der buntscheckigen Gruppe der Contactwirkungen, in welcher neben der Wein- und Essiggährung noch die Entzündung des Wasserstoffs durch Platinschwamm figurirte.

Es diente zur Förderung der Einsicht in den Gährungs- und Verdauungsprocess, dass Schwann den Analogien derselben ihre Verschiedenheiten gegenüberstellte, Verschiedenheiten sowohl bezüglich der ihrem Einfluss zugänglichen Substanzen, wie auch bezüglich ihrer eigenen Constitution. Die Constitution des Verdauungsprincips prüfte er in der Weise, dass er mit verschiedenen Reagentien Niederschläge aus der Verdauungsflüssigkeit erzeugte und sodann zu ermitteln suchte, ob die verdauende Kraft an der Flüssigkeit haftete oder dem Niederschlage folgte. Das Resultat dieser Versuche fasst er in folgenden Sätzen zusammen: Das Verdauungsprincip, dem er den Namen Pepsin ertheilt, ist löslich in Wasser und in verdünnter Salz- und Essigsäure; durch Weingeist und durch Siedhitze wird es zersetzt; essigsaures Blei schlägt es sowohl aus der sauern, wie aus der neutralen Lösung nieder, Kaliumeisencyanür fällt es aus keiner von beiden. Durch Sublimat wird es aus der neutralen Auflösung gefällt. Galläpfelinfusion

zerstört seine verdauende Kraft, wahrscheinlich, indem der Gerb-
stoff einen unlöslichen Niederschlag mit ihm bildet. Als die am
meisten characteristische Reaction des Pepsins stellte sich sein
Verhalten gegen den Käsestoff heraus, den die neutralisirte Verdauungsflüssigkeit aus einer Lösung, die nur 0,0625 Käsestoff enthielt, noch deutlich erkennbar niederschlug.

Schwann nannte die Abhandlung, die ich hier in gedrängtem
Auszug wiedergegeben habe, eine vorläufige und deutete die Hoffnung an, dass sich später auf die ermittelten Reactionen ein ana-
lytisches Verfahren zur isolirten Darstellung des Pepsins gründen
lassen werde. Er kam indess auf den Gegenstand nicht wieder
zurück und es mag ihm Beruhigung und Genugthuung gewährt
haben, dass die Folgezeit trotz aller Fortschritte der organischen
Chemie und trotz hundertfältig angelegter Magenfisteln es nicht
weiter gebracht hat, als zu einigen Verbesserungen in der Methode
der Fällung des von ihm entdeckten Enzyms, das übrigens auch
in seiner unisolirten Gestalt zu einem kostbaren Ingrediens unseres
Arzneischatzes geworden ist.

Bei der oben erwähnten Vergleichung des Gährungs- und
Verdauungsprocesses und der Vereinigung derselben zu einer eigenen
Gruppe der Contactwirkungen hatte Schwann die Fäulniss von
dieser Gruppe ausgeschlossen, „weil sie nicht durch die positive
Wirkung eines besondern Stoffes, sondern durch das Aufhören der
die Verbindung erhaltenden organischen Kräfte vor sich gehe"[1].
Mit diesem Ausspruche bekundete er sich ganz als Sohn seiner
Zeit. Die freiwilligen Zersetzungen, wie die Fäulniss und die ihr
ähnlichen Processe hiessen, wurden damit motivirt, dass die Elemente, nachdem sie gleichsam widerwillig in die complicirten
organischen Verbindungen eingegangen seien, das Aufhören des
von der Lebenskraft geübten Zwanges benützten, um ihrem natür-
lichen Hang zur Vereinigung in einfacheren, binären Verhältnissen
zu folgen. Ueber den mythischen, anthropomorphistischen Character dieser Erklärung, die den leblosen Stoffen menschliche
Leidenschaften andichtet, täuscht sich heute Niemand mehr; noch
am Ende des vorigen Jahrhunderts nahm man sie so ernst, dass
Alexander von Humboldt[2]) eine Parabel zu dichten meinte,

---

1) a. a. O. S. 110.
2) Der rhodische Genius 1795.

als er den Jubel eines Festes schilderte, an welchem die Elementar-
stoffe als Gäste, anfangs mürrisch in Gruppen vertheilt, sich zuletzt paarweise nach Neigung zusammenfanden und mit einander
tanzten. Aber Schwann's regsamer Geist war es auch, der sich
und uns aus der aller Naturforschung feindseligen, falschen Beruhigung aufrüttelte, die die Annahme freiwilliger Processe gewährt. Und diese glänzende That, · deren Nachwirkungen die
heutige Chirurgie ihre besten Erfolge verdankt, muss um so mehr
hervorgehoben werden, da die deutsche Unart, das ausländische
Verdienst vor dem einheimischen zu schätzen, mit der Gründung
des stolzen deutschen Reiches noch nicht abgethan und Pasteur's
Name unserm ärztlichen Publicum viel geläufiger ist, als der Name
Schwann's.

Der Kritik der freiwilligen Zersetzungen ging die Kritik der
freiwilligen Zeugung voran, als deren Gegner Schwann sich, wie
erwähnt, schon bei der Disputation für den Doctorgrad bekannt
hatte. Er folgte darin einer Strömung, der nichts fehlte, als der
entscheidende Beweis. Der Glaube an die Entwicklung selbständiger Organismen aus formloser organischer oder gar unorganischer
Materie ist schon aus allgemeinen Gründen anfechtbar und wiederholt angefochten worden. Es widerstrebt der durch die Methode
der Induction bewusst oder unbewusst geschulten Naturanschauung,
neben der so allgemein verbreiteten Fortpflanzung von Generation
zu Generation durch Theilung, Sprossen- oder Eibildung eine
anderartige Entstehung organischer Wesen anerkennen zu müssen,
zumal diese Anerkennung sich nur auf negative Beweise berufen
kann. Die Behauptung, dass Thiere oder Pflanzen irgendwo spontan aufgetreten seien, sagt nur so viel, dass man die gewöhnliche
und bekannte Ursache ihres Auftretens, ihre Eltern oder Keime,
nicht gefunden habe. In dieser Lage befanden sich zu Anfang
der dreissiger Jahre nur noch zwei Gruppen organischer Wesen,
die Eingeweidewürmer und die mikroskopischen Thier- und Pflan-
zengeschlechter. Auf diese stützten sich die Anhänger der Generatio aequivoca, doch hatten beide Stützen bereits angefangen,
hinfällig zu werden. Um für die Eingeweidewürmer die Annahme
einer Erzeugung derselben aus den Säften ihrer Wirthe zu recht-
fertigen, dazu hatte vorzugsweise der Umstand gedient, dass man
sie in Oertlichkeiten fand, von denen man meinte, dass sie gegen
das Eindringen fester Körper gesichert seien. Es kam hinzu, dass

sie eine besondere Classe im zoologischen System bildeten, deren Gattungen und Arten man nirgends, als in den von ihnen bewohnten Thieren und nicht anders, als im reifen Zustande antraf. Von diesem Punkte aus, der als das festeste Bollwerk der Theorie gegolten hatte, war bereits der wirksamste Angriff gegen dieselbe eröffnet. Dies geschah durch Entdeckung einer Fortpflanzungsweise, deren manchfaltige Formen Steenstrup später unter dem Namen des Generationswechsels zusammenfasste[1]). Das Wesen desselben besteht darin, dass aus den Eiern eines Mutterthiers zunächst eine Brut hervorgeht, die in Gestalt und Lebensweise den Eltern unähnlich ist und auf ungeschlechtlichem Wege, in ihrem Innern oder durch Sprossen, Nachkommen bildet, welche unmittelbar oder nach Wiederholung desselben Processes zur geschlechtlichen Form des Mutterthieres zurückkehren. Die geschlechtslosen Zwischenglieder, welche Steenstrup „Ammen" und, wenn sie abermals geschlechtslose Individuen erzeugen, „Grossammen" nannte, sind entweder für den Aufenthalt im Freien ausgerüstet oder verleben ihre Zeit als Schmarotzer in andern, als den zur Aufnahme ihrer Nachkommen bestimmten Thieren. Es wird keines weitern Details und keiner besondern Beispiele bedürfen, um begreiflich zu machen, wie viele Dunkelheiten in der Geschichte der Eingeweidewürmer dadurch Licht empfingen, dass wir als Entwicklungsstufen derselben anders geartete, frei lebende, zum Theil längst bekannte und in anderen Klassen des Systems untergebrachte Wesen kennen lernten. Zu der Zeit, von der hier die Rede ist, hatten bereits aus Distomeneiern Mehlis und von Nordmann[2]) mit Wimpern versehene Junge ausschlüpfen sehen, welche der Letztere den Infusorien der Gattung Paramaecium täuschend ähnlich fand, und v. Siebold hatte in Burdach's Physiologie[3]) die Erfahrungen von Nitzsch, Bojanus, v. Baer, Carus und seine eigenen gesammelt über Entwicklung der Cercarien aus gelben Würmern, belebten Keimschläuchen u. dgl. und die Umwandlung von Cercarien in Distomen durch Abwerfen des Schwan-

---

1) Ueber den Generationswechsel oder die Fortpflanzung und Entwicklung durch abwechselnde Generationen. A. d. Dänischen von Lorenzen. Kopenhagen 1842.

2) Mikroskopische Beiträge. Hft. II. Berlin 1832. S. 139.

3) Bd. II. 1837. S. 193.

zes. Auf die eigenthümliche Bewaffnung mancher dieser Zwischenstufen, auf das Vorkommen infusorien- und filarienartiger Thierchen im kreisenden Blut durfte die Hoffnung gegründet werden, dass auch das Räthsel des Aufenthalts parasitischer Organismen in geschlossenen Körperhöhlen bald seine Lösung finden werde. Gegen die selbständige Erzeugung der Infusorien hatte vom Jahre 1830 an Ehrenberg den Kampf eröffnet in einer langen Reihe von Schriften und mit vielen indirecten Beweisen. Allerdings machte die complicirte Organisation, ja der Besitz von Geschlechtsorganen, womit nach Ehrenberg die Infusorien ausgerüstet erschienen, deren Entstehung aus faulender Substanz unwahrscheinlich; doch blieben von diesen Entdeckungen die mikroskopischsten Arten unberührt. Nachdem von vielen Seiten die Fähigkeit niederer Organismen, aus dem getrockneten Zustande wieder aufzuleben, constatirt war, stand der Vermuthung, die schon Spallanzani ausgesprochen hatte, dass sie und ihre Keime durch die Luft transportirt würden, nichts im Wege. Die ausserordentliche Schnelligkeit, mit der, nach Ehrenberg's Beobachtung, die Vermehrung der Diatomeen durch Theilung vor sich geht, konnte dazu dienen, die Allgegenwart der Infusorienkeime zu erklären.

Nach allen diesen Wahrscheinlichkeitsgründen gab es doch nur Einen Weg, die Generatio aequivoca der Infusorien gründlich zu beseitigen; es musste der Beweis recht eigentlich auf dem Wege der Exclusion, durch Ausschliessung der minimalen Organismen und ihrer noch minimaleren Keime geführt werden.

Mit wechselndem Erfolg, je nach der aufgewandten Vorsicht, hatte man experimentell die Frage zu beantworten versucht, ob die Infusorienbildung in übrigens dazu geeigneten Flüssigkeiten dadurch verhindert werden könne, dass man dieselben, nachdem durch Hitze die etwa vorhandenen Keime getödtet worden, hermetisch verschliesse. Die hohe Bedeutung der Versuche, welche fast gleichzeitig F. Schulze[1]), später Professor der Chemie in Rostock, und Schwann[2]) zu diesem Zweck anstellten, beruht nicht so sehr auf der Zuverlässigkeit derselben, als auf der Anwendung einer

---

1) Poggendorf's Annalen. Bd. XXXIX. 1836. S. 487.
2) Ebendas. Bd. XLI. 1837. S. 184.

Methode, welche erst volles Licht über die Wirkung des hermetischen Verschlusses verbreitete. Wenn in den von jedem Verkehr mit der Aussenwelt abgesperrten Aufgüssen kein Leben sich regte, so konnte die Schuld dem Mangel an Sauerstoff zugeschrieben werden, dessen Erneuerung bekanntlich zur Einleitung und Unterhaltung vieler chemischen und vor Allem der organischen Processe unerlässlich ist. Diese Deutung wiesen Schulze und Schwann dadurch zurück, dass sie dem Gefäss, in welchem die zu prüfende Flüssigkeit sich befand, von Zeit zu Zeit frische Luft zuführten, die aber vorher einer Behandlung ausgesetzt war, welche, ohne deren wesentliche Bestandtheile zu alteriren, organische Beimischungen zerstören musste. Schulze erreichte dies dadurch, dass er Luft durch ein Glasrohr einströmen liess, die vorher ein Gefäss mit Kalilösung oder Schwefelsäure passirt hatte. Schwann erhitzte die durch das Glasrohr zugeleitete Luft vermittelst einer Flamme, die unter dem Rohr in einiger Entfernung von der Einmündung desselben in das Gefäss, welches die fäulnissfähige Flüssigkeit enthielt, angebracht war. Die erhöhte Temperatur, welcher die Luft an einer beschränkten Stelle vor ihrem Eintritt in die Flüssigkeit ausgesetzt wurde, konnte an ihrem Gasgehalt nichts ändern. Wenn dennoch, wie es der Fall war, die Infusorienbildung regelmässig unterblieb, so musste die Ursache derselben in einem der Luft beigemengten Stoffe gesucht werden, den eine nicht einmal sehr ansehnlich gesteigerte Temperatur unwirksam machte. Vorsichtig genug sagt Schwann von seinen Experimenten, sie könnten dahin interpretirt werden, dass die muthmasslich in der Luft schwebenden Keime des Schimmels und der Infusorien beim Ausglühen der Luft zerstört würden.

Mit der Frage nach dem Ursprung der Infusorien stand aber eine andere, eine Frage der organischen Chemie, in innigem Zusammenhang. Es ist nicht nöthig, das Mikroskop zur Hand zu nehmen, um sich über die An- oder Abwesenheit der Infusorien zu unterrichten. Ihre Anwesenheit verräth sich durch die Erscheinungen der Fäulniss, vor Allem durch den mit der Fäulniss verbundenen Geruch, der ohne weiters auf eigenthümliche chemische Processe in den von Infusorien bevölkerten Stoffen schliessen lässt. Der Connex zwischen Fäulniss und Infusorienbildung war längst anerkannt; es hatte sich aber, so lange die Untersuchung ausschliesslich im biologischen Interesse geführt wurde,

nur um die Alternative gehandelt, ob die faulende Masse Infusorien producire, oder ob die anderswoher stammenden Infusorien
sich, etwa wie die Raben auf ein Schlachtfeld, aus Liebhaberei
auf die faulende Masse niederlassen. In beiden Fällen erschien
das Auftreten der Infusorien als Wirkung der Fäulniss, mochte
der faulende Stoff die Organismen erzeugt oder auch nur ange-
zogen haben. Auf die Ursache der Fäulniss einzugehn, lag den
Biologen fern; sie würden sich dadurch eines Uebergriffs in das
chemische Gebiet schuldig zu machen geglaubt haben.

Indessen musste die Wahrnehmung, dass mit der sichern
Ausschliessung der Infusorienkeime zugleich die Fäulniss regelmässig ausgeschlossen wird, nothwendig dazu führen, das Cau-
salverhältniss zwischen Fäulniss und Infusorienbildung einer er-
neuten Betrachtung zu unterziehn. Sind die Infusorien nicht Product der Fäulniss, so ist vielleicht die Fäulniss Product der Infusorien? Auch zur Beantwortung dieser Frage hatte Schwann
alsbald einen Versuch ersonnen. Er bestätigte die Vermuthung,
dass die Fäulniss von den Infusorien angeregt werde, durch den
Nachweis, dass Stoffe, welche für Pflanzen und Thiere gleichmässig giftig sind, wie Arsenik und Sublimat, Fäulniss und
Schimmelbildung verhüten, wogegen die Gifte, die, wie Strychnin,
nur auf Infusorien und nicht auf Pflanzen wirken, nur die Fäulniss, nicht aber die Schimmelbildung aufzuhalten vermögen.

So weit die Fäulniss. Nun aber glaubte Schwann noch den
Beweis schuldig zu sein, dass die Luft durch Erhitzung nicht die
Befähigung verliere, solche chemische Processe einzuleiten, bei
welchen Entwicklung von Pflanzen und Thieren nicht Statt findet
und als derartige Processe wählte er die Respiration und — die
Weingährung. Es zeigte sich, dass, der Voraussetzung gemäss,
ein Frosch in ausgeglühter Luft ganz behaglich athmete; gegen
die Voraussetzung aber blieb die Gährung aus, wenn zu einer
mit Hefe versetzten und dann ausgekochten Zuckerlösung nur ge-
glühte Luft zugelassen wurde. „Es drängte sich sofort der Ge-
danke auf, dass auch die Weingährung eine Zersetzung des
Zuckers sei, welche durch Entwicklung eines thierischen oder
pflanzlichen Wesens veranlasst werde." Dies gab Anlass, die Hefe
mikroskopisch zu untersuchen und die Zusammensetzung derselben
aus runden Körperchen von etwa 0,01 mm Durchmesser, die schon

Leeuwenhock[1]) bekannt war, wieder zu entdecken. Die gleiche Entdeckung machte gleichzeitig in Paris Cagniard Latour, als er, wie es in dem Berichte der französischen Academie[2]) heisst, das Studium der Biergährung, das ihn schon früher beschäftigt hatte, mit neuen Mitteln der Beobachtung, worunter das Mikroskop, wieder aufnahm. Leeuwenhoek hatte die fraglichen Körperchen für Krystalle gehalten; Schwann und Cagniard Latour setzten deren organische Natur ausser Zweifel, indem sie die Art ihres Wachsthums, der Eine auf dem Objectträger des Mikroskops, der Andere an successiv dem gährenden Bier entnommenen Proben verfolgten. Es verdient hier noch ein sinnreiches Experiment erwähnt zu werden, durch welches Schwann bei einer spätern Gelegenheit[3]) den directen Antheil der Hefepilze an der Zerlegung des Zuckers in Alkohol und Kohlensäure zu erweisen trachtete: Ein langes Reagensgläschen wurde mit einer schwachen, durch Lacmus schwach blau gefärbten Zuckerauflösung gefüllt und sehr wenig Hefe zugesetzt, so dass die Gährung erst nach mehreren Stunden beginnen und die Pilze sich vorher auf den Boden absetzen konnten. Hier begann nun die Röthung der blauen Flüssigkeit (durch die sich entwickelnde Kohlensäure) wirklich vom Boden des Gläschens. Wurde ein Steg in der Mitte des Gläschens angebracht, auf welchen Pilze sich ablagern konnten, so begann die Röthung vom Boden und von diesem Steg. Hieraus folgte schon, dass ein ungelöster Stoff, der schwerer ist als Wasser, die Gährung veranlasst. Es sollte nun durch denselben Versuch im Kleinen unter dem Mikroskop dargethan werden, dass die Röthung von den Pilzen ausgeht; aber in dieser Verdünnung war die Farbe mikroskopisch nicht zu erkennen und in intensiver gefärbter Flüssigkeit trat die Gährung nicht ein.

So war die Vermuthung, dass die Infusorien Fäulniss machen, bestätigt durch die Erfahrung, dass auch die Gährung Folge der Entwicklung mikroskopischer Organismen ist. Wie die Einen und Andern die Zersetzung der organischen Substanz, auf deren Kosten sie sich vermehren, zu Stande bringen, war zwar im Einzelnen

---

1) Opp. omnia. Lugd. Batav. 1722. T. IV. p. 2 ff.

2) Comptes rendus de l'acad. française. 1838. Juill. p. 227.

3) Mikroskop. Untersuchungen über die Uebereinstimmung in der Structur und dem Wachsthum der Thiere und Pflanzen. Berlin 1839. S. 234.

noch völlig unklar; doch durfte man sich auf das im Allgemeinen zweifellose Vermögen lebender Körper berufen, zum Behufe ihrer Ernährung sowohl vorhandene Combinationen der Elemente zu zerstören, als auch neue herzustellen.

Wer, wie Schreiber dieser Zeilen, das Glück hatte, Schwann an der Arbeit zu sehn und die Consequenz seines Vorschreitens, die Nüchternheit seiner Beobachtung, die Umsicht seines Experimentirens wahrzunehmen, bei dem konnte ein Zweifel an der Zuverlässigkeit und unmittelbaren Verwendbarkeit der von ihm gewonnenen Resultate nicht aufkommen. Ich beschäftigte mich damals mit allgemeiner Pathologie, die ich im folgenden Semester zu lesen gedachte und namentlich mit der Contagienlehre. Die Ursache der miasmatisch-contagiösen Epidemien in's Auge fassend, hatte ich aus der Vermehrungsfähigkeit derselben und aus dem zeitlich gesetzmässigen Ablauf der von ihr bedingten Krankheiten den Schluss gezogen, dass das Contagium eine organisirte, lebende Substanz sein müsse. Oft schon war dasselbe mit einem Ferment, seine Wiedererzeugung im Blut mit der Wiedererzeugung des Ferments in der gährenden Flüssigkeit verglichen worden. Hatten unter Schwann's Händen die Fermente die Gestalt niederer Thier- und Pflanzenorganismen angenommen, so durfte die Hypothese gewagt werden, dass auch die flüchtigen Ansteckungsstoffe aus in der Luft schwebenden, vielleicht nur ihrer Kleinheit wegen ununterscheidbaren lebenden Wesen beständen. Heutzutage hat sich diese Hypothese einer allgemeinen Anerkennung und für einzelne Infectionskrankheiten, wie Milzbrand und Febris recurrens, der thatsächlichen Bestätigung zu erfreuen; doch bedurfte es dazu einer Wiederholung der Schwann'schen Entdeckung, die zuerst bekämpft und dann sammt meinen darauf gebauten Folgerungen in Vergessenheit gerathen war. Ich glaube mich nicht zu weit von meinem Thema, der Schilderung von Schwann's Einwirkung auf Wissenschaft und Leben, zu entfernen, wenn ich zu ermitteln versuche, wie die Ungunst der Zeiten ihn um den unmittelbaren Effect seiner Fäulniss- und Gährungstheorie und um den ihm gebührenden Antheil an dem Danke gebracht hat, den die Menschheit der segensreichen Lister'schen Methode spendet.

Ein energischer und wegen der Autorität, die er verdientermassen genoss, erfolgreicher Gegner erstand der Schwann'schen Lehre in Liebig. Den Chemikern war es nicht so sehr zu ver-

denken, wenn sie sich in der Anerkennung der Leistungen, die
den Pilzen bei der Gährung zugeschrieben wurden, skeptisch ver-
hielten. Stand doch der alkoholischen Gährung und der Fäulniss,
für die die Mitwirkung der Organismen in Anspruch genommen
war, eine grosse Zahl ähnlicher Processe gegenüber, wie die Umwandlung des Alkohols in Essig, des Stärkemehls in Zucker, des
Milchzuckers in Milchsäure u. A., welche noch niemals in dem
Verdachte gewesen waren, von Entwicklung lebender Wesen angeregt oder auch nur begleitet zu werden, Zersetzungen, die zum
Theil auch durch offenbar rein chemische oder physikalische Ver-
fahrungsweisen, durch Kochen mit Schwefelsäure, durch Berührung
mit fein zertheiltem Platin zu Stande kamen. Von einer andern
Seite war die Pilztheorie dadurch dem Angriff bloss gestellt, dass
die Intervention des Pilzes die Umsetzung der Atome des Zuckers
nicht verständlicher machte, als es den einfachen chemischen Theorien gelungen war. Es war a priori wahrscheinlich, dass die
Pflanze, um zu wachsen, auf die eiweissartigen Bestandtheile der
gährungsfähigen Flüssigkeit angewiesen sei und es wurde dies
dadurch bestätigt, dass in reiner Zuckerlösung die Gährung niemals spontan, sondern erst auf Zusatz von Hefe eintritt und dass
die Hefe in reiner Zuckerlösung sich nicht vermehrt, sondern ver-
zehrt, also auf eigene Kosten lebt. Um so weniger liess sich erklären, durch welche Art chemischer Verwandtschaft sie die Zusammensetzung des Zuckers angreift. Ein ungenannter Mitarbeiter
von Wöhler's und Liebig's Annalen der Pharmacie[1]), der offenbar
dem Einen der Herausgeber sehr nahe stand, benützte diese Ver-
legenheit zu einer ergötzlichen Parodie, einer mikroskopischen
Schilderung der im Traubensaft verkehrenden Infusionsthiere, die
er Zucker fressen und Alkohol aus dem Darm, Kohlensäure aus
der Blase von sich geben gesehen haben wollte.

Aber Liebig begnügte sich nicht, mit humoristischen und
ernsthaften Einwendungen den Einfluss der niedern Organismen
auf chemische und Krankheitsprocesse zu widerlegen. Er liess
sich auch nicht genügen an einer blossen Umschreibung der eigenthümlichen Wirkung des Ferments, die von Mitscherlich auf Contact, von Berzelius auf eine katalytische Kraft zurückgeführt worden war. Nach Liebig[2]) ist Ferment und Contagium eine in Be-

---

1) Bd. XXIX. 1839. S. 100.
2) Die organische Chemie in ihrer Anwendung auf Agricultur und

wegung, in Umsetzung ihrer Moleküle begriffene Substanz, die ihre Bewegung auf andere, durch geringe Verwandtschaft zusammengehaltene Verbindungen fortpflanzt nach dem schon von Laplace und Berthollet aufgestellten Gesetze der Dynamik, dass ein durch irgend eine Kraft in Bewegung gesetztes Molekül einem andern Molekül, mit dem es in Berührung steht, seine eigene Bewegung mittheilt. Das Erklärungsbedürfniss der Naturforscher war für lange Zeit durch diese Theorie befriedigt; der Anklang, den sie in ärztlichen Kreisen fand, beruhte zum Theil auf persönlichen Motiven. Dem Physiologen, der sich anmasste, ohne eigene ärztliche Erfahrung in pathologischen Dingen mitzureden, gönnte man die Zurechtweisung.

In Frankreich waren indess die Beobachtungen von Cagniard Latour über die Organisation der Hefe und die, die Biergährung begleitende Entwicklung derselben unvergessen. Als daher Pasteur, zum Zwecke krystallographischer Studien, die Umwandlung des Zuckers in Milchsäure verfolgte und dabei an der Oberfläche der Flüssigkeit und am Rande des Gefässes eine graue, käseartige Substanz sich ablagern sah, unterwarf er diese der mikroskopischen Untersuchung und fand sie aus Kügelchen und kurzen Stäbchen von organisirtem Ansehn zusammengesetzt, die weit hinter den Dimensionen des Hefepilzes zurückblieben. Mit sehr geringen Mengen dieser Substanz liessen sich, auch bei Ausschluss der Luft, grosse Zuckermengen in Milchsäure umwandeln. Am 30. November 1857 theilte Pasteur seinen Befund der Pariser Academie mit. Er zog aus demselben den Schluss, dass es, wie für die alkoholische, so auch für die Milchsäure-Gährung ein besonderes Ferment gebe, welches die „Allüren" eines mycodermaartigen Körpers habe. Fortgesetzte Versuche, über die er der Academie in der nächsten Zeit berichtete, setzten ihn in den Stand, diese Behauptung auf die Essiggährung, auf die eigenthümliche Gährung weinsaurer Salze, auf die freiwillige Zersetzung des Urins, der Fette u. s. f. auszudehnen[1]). Die Organismen, die er beschreibt,

---

Physiologie. Braunschweig 1840. S. 202. Chemische Briefe. 4. Aufl. Leipz. u. Heidelberg 1859. Bd. I. S. 287.

1) Ein Resümé seiner Arbeiten mit einer geschichtlichen Einleitung giebt Pasteur in den Annales des sciences natur. Zoologie. 4e. Ser. T. XVI. p. 5. Ann. de chimie et physique. 3e. Sér. 1862. p. 6.

sind allerdings von den Gährungspilzen sehr verschieden, dagegen nahe verwandt den organisirten Fermenten der Fäulniss, die man zu Schwann's Zeiten Monaden und Vibrionen nannte und dem Thierreich zuzählte, während sie heute allgemein als Bacterien zu den niedersten Pflanzen gerechnet werden. Von Schwann's Arbeiten scheint Pasteur erst im Jahre 1859 Kenntniss erhalten zu haben, denn erst in einer am 7. Februar dieses Jahres gelesenen Abhandlung gedenkt er der Zufuhr der Fermente durch die Atmosphäre und des Glühens der Luft als eines Mittels, die Gährungen hintanzuhalten. So kömmt er in einer den Forschungen Schwann's gerade entgegengesetzten Richtung, von den freiwilligen Zersetzungen auf die freiwillige Zeugung und ergänzt Schwann's Versuche dadurch, dass er den aus der Luft aufgefangenen Staub zu Versuchen benutzt. Dass durch einen in die Luft-zuleitende Glasröhre eingefügten Baumwollpfropf Gährung und Fäulniss ebenso sicher verhindert wird, wie durch Glühen der Luft, hatten schon Schröder und v. Dusch[1]) mitgetheilt. Pasteur wandte Schiessbaumwolle zum Verschliessen des Rohrs an; indem er alsdann den Pfropf in einem Gemisch von Alkohol und Aether auflöste, gewann er die soliden Körperchen, die sich abgesetzt hatten, zur mikroskopischen Untersuchung; andererseits diente ihm der mit dem Staub beladene Pfropf, um in einer gegen den Zutritt der Luft geschützten Flüssigkeit Gährungen einzuleiten.

Ob diese Modificationen der Schwann'schen Experimente einen genügenden Anlass bieten, um Pasteur einen Antheil an dem Ruhm, die Lehre von den organisirten Fermenten geschaffen zu haben, zuzumessen, mag unentschieden bleiben. Aber das muss zugestanden werden, dass erst durch ihn die chemische Theorie aus ihren letzten Vertheidigungswerken vertrieben wurde. Er erreichte dies dadurch, dass er den beiden altbekannten Fermenten dieser Kategorie eine stattliche Anzahl neuer hinzufügte. Er wusste das Interesse für den Gegenstand wach zu erhalten, indem er ihm durch Untersuchung der atmosphärischen Fauna verschiedener Gegenden, verschiedener Höhen u. s. f. stets neue Seiten abgewann. Auch die Verbindung mit der Pathologie knüpfte er wieder an, indem er gelegentlich aufforderte, zur Zeit herrschender Epidemien die Luft auf die in derselben verbreiteten

---

1) Annalen der Chemie und Pharmacie. Bd. LXXXIX. 1854. S. 232.

niedern Organismen zu untersuchen. Und während Pasteur immer
auf dem Platze war, um die chemische Theorie, wo sie auftauchte,
zurückzuweisen [1]), liess Schwann die Anhänger Liebig's gewähren
und zog es vor, was wir ihm nicht verdenken wollen, sich in das
Leben der Zelle zu vertiefen. Bevor wir jedoch seinen Schritten
auf histologischem Gebiete und zu der grossartigsten Leistung
seines Lebens und der folgenreichsten biologischen Entdeckung
unseres Jahrhunderts folgen, haben wir noch einer Untersuchung
zu gedenken, die Schwann als originellen und scharfsinnigen For-
scher auch in dem physikalischen Theil der Physiologie be-
kundet.

Es handelte sich [2]) um das Gesetz, nach welchem die Kraft
eines Muskels mit der Contraction sich ändert, demnach um Er-
mittlung der Lasten, die der nämliche Muskel in verschiedenen
Graden seiner Verkürzung zu heben vermag. Der Gastrocnemius
des Frosches wurde zu dem Ende mit einer Wagschale in Verbindung gesetzt, die zum Auflegen der Gewichte diente, und mit
einer Scala versehen, die die Länge des Muskels anzeigte; an dem
vorher herauspräparirten N. ischiadicus wurde der galvanische
Reiz angebracht. Es stellte sich heraus, dass die Kraft des Muskels in dem Verhältniss zunimmt, in welchem er sich weniger
contrahirt oder dass sie in geradem Verhältniss mit der Contraction des Muskels abnimmt. Damit war jede Erklärung der Muskelkraft durch eine der uns bekannten Attractionskräfte wider-
legt, da diese alle so wirken, dass die anziehende Kraft wächst
je mehr die anziehenden Theilchen sich einander nähern. Dagegen ergaben die Versuche eine Uebereinstimmung des Gesetzes
der Muskelverkürzung mit dem Gesetz, welches bei elastischen
Körpern gilt: die Kraft ist am grössten beim Muskel in der
Ruhe, bei elastischen Körpern in der Ausdehnung; sie ist = 0 beim
Muskel im Zustande der äussersten Contraction, bei elastischen
Körpern im Zustande der Ruhe. „Man kann nicht umhin", sagt
Ed. Weber in dem klassischen Artikel Muskelbewegung [3]),

1) Zuletzt und wohl zum allerletzten Mal in den Comptes rendus vom
12. und 19. Febr. 1872 gegen Frémy.
2) J. Müller's Physiologie. Bd. II. S. 59.
3) Rud. Wagner's Handwörterbuch der Physiologie. Bd. III. Abth. 2.
S. 101.

„so lange es sich bloss um Muskeln als feste Körper handelt, dieselben als elastische feste Körper zu betrachten und die Erscheinungen, welche bei ihnen beobachtet werden, demgemäss nach
Analogie mit andern elastischen festen Körpern zu ordnen."

Auch zu seinen histologischen und insbesondere mikroskopischen Arbeiten empfing Schwann durch Joh. Müller den ersten
Antrieb. Das Berliner encyclopädische Wörterbuch, in dessen Re-
dactionscommission an Stelle Rudolphi's Müller eingetreten war,
gab dem wohlwollenden Lehrer Gelegenheit, seinen Schülern literarische Beschäftigung und einen kleinen Nebenverdienst zuzu-
wenden. Schwann bearbeitete die Artikel Gefässe, Hämatosis,
Harnsecretion, Hautsecretion und schilderte in dem ersten
derselben [1]) nach eigenen Untersuchungen den feinern Bau der
Gefässwände. Seine Beschreibung der fasrigen Intima der Arterien trifft noch heute vollkommen zu und es ist interessant, zu
sehen, wie nahe er der Entdeckung des Endothels war, wenn er,
wiewohl ohne Erfolg, die Färbung mit salpetersauerm Silber,
salpetersauerm Quecksilberoxydul und Goldchlorid versuchte, um
die Existenz einer innersten, der Epidermis ähnlichen structurlosen Haut nachzuweisen. Weniger glücklich war er mit der
histologischen Analyse der Ringfaserhaut. Er gewann aus ihr die
kurz zuvor von Lauth [2]) entdeckten eigenthümlichen Fasern des
elastischen Gewebes, aber ihm entging das eigentlich contractile
Element, das erst später von mir [3]) unvollkommen isolirt und von
Kölliker [4]) in die spindelförmigen Faserzellen der glatten Muscu-
latur zerlegt wurde. Da aber die Contractilität der Arterien
ziemlich allgemein anerkannt war, ja von Schwann selbst durch
einen ebenso einfachen als positiven Versuch, durch mikrometri-
sche Messungen an den mit kaltem Wasser behandelten Arterien
der Schwimmhaut des Frosches, über allen Zweifel erhoben worden war, so blieb ihm nichts übrig, als dem elastischen Gewebe
der Arterienhaut contractile Eigenschaft zuzuschreiben und so eine

---

1) Berliner encyclopäd. Wörterbuch. Bd. XIV. 1836. S. 212—246.
2) L'Institut. Paris 1834. Nr. 57.
3) Allgemeine Anatomie. 1841. S. 499.
4) Ztschr. für wissensch. Zoologie. Bd. I. 1849. S. 48.

contractile Varietät des elastischen Gewebes aufzustellen. Abgesehen von diesem Fehlgriff war die Beschreibung der verschiedenen Formen des elastischen Gewebes und seiner Verbreitung, welche Schwann in dem erwähnten Artikel und in einer gleichzeitig erschienenen, von ihm inspirirten und geleiteten Dissertation[1]) gab, so genau und erschöpfend, dass die Folgezeit nichts zu ändern, und kaum etwas hinzuzufügen fand.

Im Jahre 1837, da Joh. Müller den Theil seines Handbuchs schrieb, der die animalischen Functionen behandelte, verwandte Schwann seine Musse auf Studien über Muskel- und Nervengewebe, von denen sodann Müller theils im Handbuch, theils im Jahresbericht Kunde gab. Was Schwann in Betreff des gestreiften Muskelgewebes ermittelte[2]), hat nur noch historischen Werth, denn die Vergrösserungen, deren wir uns damals bedienten, waren nicht geeignet, den complicirten Bau der Muskelfasern zu enthüllen. Immerhin ist es anerkennenswerth, dass Schwann in der Frage nach der Bedeutung der Querstreifung die Ansicht vertrat, die sich später als die richtige erwies. Seine Naivetät bewahrte ihn vor den Künsteleien, womit die Nachfolger die Thatsache, dass in dem Muskelbündel bald Längs- bald Querstreifung vorherrscht, zu erklären suchten; er hatte keinen Zweifel, dass das Muskelbündel aus parallelen Fibrillen besteht und dass die Querstreifung des Bündels Ausdruck der Querstreifung der Fibrillen ist; die Querstreifung der Fibrillen zu deuten, gab es bei den unzulänglichen optischen Hülfsmitteln nur zwei Möglichkeiten, Kräuselung oder Varicosität der Fasern. Ficinus[3]) entschied sich für die erste, Schwann mit den meisten seiner Zeitgenossen für die zweite Auslegung. Schliesslich soll nicht vergessen sein, dass er zuerst die gestreiften Bündel in der oberen Hälfte des Oesophagus und in den sogenannt erectilen Anhängen am Schnabel des Truthahns wahrnahm.

Schwann's Beiträge zur Anatomie der Nervenfaser[4]) beziehen

---

1) Eulenberg, de tela elastica. Berol. 1836.
2) Müller's Archiv. 1836. S. X. 1837. S. XXXVII. Physiologie. Bd. II. S. 33.
3) De fibrae muscularis forma et structura. Diss. inaug. Lips. 1836.
4) Müller's Archiv 1836. S. XV. 1837. S. III. XLVII. Physiol. Bd. I. S. 331 ff. 524. Bd. II. S. 54.

sich auf deren Regeneration und peripherische Endigungsweise. Die Regenerationsfähigkeit der Nervenfasern wurde an Fröschen, deren N. ischiadicus durchschnitten worden, dargethan, mikroskopisch mittelst Untersuchung des Narbengewebes und experimentell durch den Nachweis des Leitungsvermögens der Narbe. Das letztere gedachte Schwann auch zur Beantwortung der Frage zu verwerthen, ob die in dem gemischten Nerven enthaltenen Faserstümpfe verschiedener physiologischer Qualität mit einander zu verwachsen vermöchten. Wäre dies der Fall, so sollte nach seiner Meinung die Reizung einer sensibeln Rückenmarkswurzel Muskelzuckungen auslösen. Das Resultat der Versuche war ein negatives, wodurch aber, wie Müller hinzufügt, die Frage nicht entschieden wird, weil es ungewiss ist, ob sensible Fasern den Reiz in peripherischer Richtung fortzupflanzen im Stande sind. Schwann's Untersuchungen über die Endigung der Nerven sprechen berechtigte Bedenken aus gegen Valentin's Endschlingen[1]), die eben auftauchten und bald für einige Jahre zur ausschliesslichen Herrschaft gelangten; dagegen dürften sie als Vorläufer der Lehre Max Schultze's von dem fibrillären Bau des Axencylinders Erwähnung verdienen. Von dem Axencylinder war zwar noch nicht die Rede, aber auf ihn kann doch nur bezogen werden, was Schwann am Mesenterium des Frosches und am Schwanze der Froschlarven beobachtete, feine in grössern Zwischenräumen mit kleinen Anschwellungen versehene, netzförmig verbundene Fasern, von gröbern, unzweifelhaften Nervenfasern abgehend, in welchen die feinern vorgebildet schienen. Der structurlosen Scheide, welche Schwann's Namen in der Histologie des Nervensystems verewigt, wird erst in den Untersuchungen über die Uebereinstimmung der Thier- und Pflanzengewebe gedacht.

— ——

An dem Zeitpunkt angelangt, der durch die Veröffentlichung dieser Untersuchungen eine Epoche in der Geschichte der organischen Naturwissenschaften bezeichnet, liegt es mir ob, dem Entwicklungsgang der Ideen nachzugehn, die sich so rasch und widerstandslos Bahn brachen. Denn es ist keine gewöhnliche Er-

---

1) Ueber den Verlauf und die Enden der Nerven. Bonn 1836.

scheinung, dass Theorien von so allgemeiner Tragweite, wie die Zellenlehre, ohne einen Kampf des Alten gegen das Neue ihre Stelle und die Herrschaft über die einzelnen, von ihnen umfassten Disciplinen einnehmen. Der Boden, auf welchem die Zellentheorie erwuchs, musste günstig vorbereitet sein und er war es von zwei Seiten, von denen ich die Eine die ideelle oder philosophische, die andere die reelle oder histologische nennen möchte. Die philosophische Vorbereitung datirt von den Anfängen philosophischer Naturbetrachtung; sie wurzelt in dem angebornen Trieb des menschlichen Geistes, den einfachen Urgrund der Manchfaltigkeit der Erscheinungen zu erkennen und nöthigenfalls zu construiren. Dieser Trieb schuf die Monadenlehren eines E p i c u r und L e i b n i t z; er spricht sich aus in der Naturphilosophie O k e n 's, der die höhern Organismen zusammengesetzt dachte aus den niedersten, bläschenartigen mikroskopischen Geschöpfen, welche zeitweise ihre Selbständigkeit aufgäben, um Bestandtheile höher entwickelter Thiere oder Pflanzen zu werden. Mehr als einmal hat der Wunsch, jene aprioristischen Forderungen verwirklicht zu sehen, die mikroskopischen Beobachter so bestrickt, dass sie in optischen Trugbildern die Elemente der organischen, ja mitunter aller Körper aufgefunden zu haben glaubten, wie F o n t a n a[1]) und M o n r o[2]) in den geschlängelten Fasern, M i l n e E d w a r d s[3]) und F. A r n o l d[4]) in den Kügelchen, aus welchen sich unter unvollkommenen Instrumenten und bei unpassender Beleuchtung alle Objecte gleichmässig zusammensetzen. Aber auch an w i r k l i c h e Gewebselemente knüpften die Hypothesen von einer allen organischen Körpern gemeinsamen Form der Elementartheile an. So verglich R a s p a i l[5]) die Stärkemehlkörner des pflanzlichen mit den Fettbläschen des thierischen Körpers; beide seien im entwickelten Zustande Bläschen oder Zellen, als solche mit besondern Kräften begabt, durch Intussusception wachsend; Bläschen dieser Art nennt er die „Atome" der organischen Schöpfung

1) Abhandlung über das Viperngift. A. d. Italien. Berlin 1787.

2) Bemerkungen über die Structur und Verrichtungen des Nervensystems. A. d. E. Lpz. 1787.

3) Mémoire sur la structure élémentaire des principaux tissus organiques des animaux. Paris 1823.

4) Lehrbuch der Physiologie des Menschen. Bd. I. Zürich 1836.

5) Système de chimie organique. 2e édition. Brux. 1839. § 831. 832. 1559. 4421 ff.

und die Organisation eine „Crystallisation vésiculaire". Noch näher der heutigen Zellentheorie kam Dutrochet[1]). Von den Zellen der Speicheldrüsen und der grauen Hirnsubstanz, die er als Bläschen erkannte, schloss er weiter, dass die Kügelchen sämmtlicher animalischer Gebilde aus einer Membran und flüssigem Inhalte bestehe. Nur so lange der Inhalt flüssig ist, führen die Elementarzellen, wie er sie nennt, ein thätiges Leben. Dutrochet verwirft die Unterscheidung der Bestandtheile des Körpers in feste und flüssige; die festen Theile seien Aggregate von Elementarzellen; in den flüssigen seien die Zellen suspendirt. Muskel- und andere thierische Fasern betrachtet er als sehr verlängerte Zellen, wie deren auch in Pflanzen vorkommen.

Reflexionen dieser Art blieben unfruchtbar und wären es noch lange geblieben, wäre nicht der Factor hinzugekommen, den ich als reellen oder histologischen bezeichnete. Körnchen, Kügelchen oder Bläschen, auch wenn man sie mit dem in der Pflanzenphysiologie eingeführten Namen Zellen belegte, hatten zu wenig Eigenthümliches, als dass man hätte hoffen dürfen, an ihnen den Nachweis der ursprünglichen Gleichartigkeit der organischen Atome durchzuführen. Als aber ein besonderes Kennzeichen gefunden war, welches den Zellen den Stempel charakteristischer Individualitäten aufdrückte, da belebte sich der Muth, nach neuen Thatsachen zur Befriedigung des alten theoretischen Postulats zu suchen. Dies besondere Kennzeichen war der Zellenkern, zumal der Zellenkern mit Kernkörperchen. R. Brown hatte ihn als einen allgemeinen Bestandtheil der Pflanzenzellen im Jahre 1831 entdeckt; von thierischen kernhaltigen Zellen waren die Blutkörperchen lange bekannt; mit der Einführung des Mikroskops mehrte sich von Tag zu Tag die Zahl ähnlicher Formbestandtheile in thierischen Flüssigkeiten und Geweben. Man fand sie in der Lymphe, im Schleim und Eiter, in dem sogenannten Humor Morgagni der Linse. An den Pigmentzellen der Choroidea hatte bereits Wharton Jones[2]) den dem Kern entsprechenden centralen hellen Fleck gesehen und Valentin[3]) hatte beobachtet, dass in dem Fötusauge die Kerne

1) Mémoires pour servir à l'histoire anatomique et physiologique des végétaux et des animaux. Paris 1837. t. II. p. 408.

2) Edinb. medical and surgical Journal. 1833. July p. 77.

3) Handbuch der Entwicklungsgeschichte des Menschen. Berlin 1835. S. 194.

zuerst vorhanden sind und von den Pigmentmolekülen umlagert werden. Die grossen feinkörnigen Zellen der Centralorgane des Nervensystems mit ihren kugligen Kernen waren von Ehrenberg[1]) und genauer von Valentin[2]) beschrieben. Mit der Entdeckung des Keimflecks durch R. Wagner[3]) wurde auch das Keimbläschen einer kernhaltigen Zelle ähnlich. Die interessantesten Vergleichungspunkte mit dem Pflanzengewebe ergaben sich aus der Histologie des Knorpels, der Oberhaut und der Drüsen. Die Gallerte der Chorda dorsalis der Knorpelfische hatte Joh. Müller[4]) als eine durchsichtige, in ebenfalls durchsichtigen, dicht aneinander stossenden Zellen, die den Pflanzenzellen analog sind, enthaltene Materie geschildert und Schwann gelang es, in den Wänden dieser Zellen den platten Kern aufzufinden. Die Oberhaut, nach den älteren Begriffen ein erhärtetes Secret der Cutis, war durch die Arbeiten der Purkinje'schen Schule[5]) und Turpin's[6]) zu einem organisirten, aus Kernzellen gebildeten Gewebe erhoben. Indem ich[7]) sodann auf die Formveränderungen und die Massenzunahme hinwies, welche die Zellen der geschichteten Epithelien im Aufrücken erfahren, und in dem Cylinder- und Flimmerepithel Modificationen des Pflasterepithels erkannte, lieferte ich an thierischen Zellen ein Beispiel ähnlichen, selbständigen, von Blutgefässen unabhängigen Wachsthums, wie es bis dahin nur den Pflanzenzellen zugestanden worden war. In den Drüsen endlich fanden Purkinje[8]) und ich[9]) gleichzeitig die den Epithelzellen ähnlichen Elemente; die Leber sahen wir sogar ganz und gar aus denselben zusammengesetzt und Purkinje vergleicht sie den Elementartheilen der Pflanzen, „wo jedes Zellchen seine Vita propria hat, aus dem allgemeinen

---

1) Beschreibung einer auffallenden und bisher unerkannten Structur des Seelenorgans. Berlin 1836.

2) Verlauf und Enden der Nerven. S. 77. 88.

3) Prodromus historiae generationis. Lips. 1836.

4) Vergleichende Anatomie der Myxinoiden. Berlin 1835. S. 74.

5) Raschkow, meletemata circa mammalium dentium evolutionem. Wratisl. 1835. p. 11. Valentin, Repertorium 1837. S. 143.

6) Annales des sciences naturelles. 2e sér. T. VII. 1837. p. 207.

7) Symbolae ad anatomiam villorum intestinalium. Berol. 1837.

8) Bericht über die Versammlung der Naturforscher in Prag im Jahre 1837. Prag 1838. S. 174.

9) Müller's Archiv. 1838. S. 103.

Safte sich einen specifischen Inhalt bereitet und die Absetzung eigenthümlicher Stoffe in eigene Saftbehälter vermittelt."

Aber mit allen diesen Aehnlichkeiten war der Kernpunkt der Frage noch nicht berührt; diesen traf zuerst S c h w a n n, als er es unternahm, den Zusammenhang beider Reiche der organischen Natur aus der Gleichheit der Entwicklungsgesetze der Elementartheile der Thiere und Pflanzen nachzuweisen. Es schmälert sein Verdienst nicht, wenn wir sagen, dass ein glücklicher Zufall mitwirkte, ihm vor Andern die Bahn der entscheidenden entwicklungsgeschichtlichen Untersuchungen zu eröffnen. Zu der Zeit, wo es auf den Objectträgern der Thierphysiologen von Kernzellen wimmelte, genoss er den Vorzug, die Arbeiten S c h l e i d e n's vor deren Publication und, wie er selbst erzählt[1]), durch gelegentliche Tischgespräche kennen zu lernen, Arbeiten, welche die Entstehung der Zellen bei den Pflanzen zum Gegenstand hatten.

S c h l e i d e n, dessen Beobachtungen im 2. Heft des Jahrgangs 1838[2]) von Müller's Archiv veröffentlicht wurden, stellt nicht ohne Bedenken zwei Weisen der Entstehung der Pflanzenzellen nebeneinander, die Eine, die wir nach der heutigen Gestaltung der Begriffe als freiwillige, die andere, die wir als Entstehung durch Fortpflanzung (Proliferation) bezeichnen würden. Die zweite, die Entstehung neuer Zellen im Innern der bereits vorhandenen, ist nach S c h l e i d e n die verbreitetere und zweifellose. Zur Annahme einer freiwilligen Zellenbildung entschliesst er sich nur, um die Bildung der Prosenchymzellen aus dem Cambium zu erklären, die sich wie in einem grossen Intercellularraum, plötzlich und gleichzeitig in ihrer definitiven Grösse aus der organisirbaren Flüssigkeit abscheiden sollen. So bezieht sich auch nur auf die später sogenannte endogene Zellenzeugung, was S c h l e i d e n über die Entwicklung der Zelle aussagt: die Absonderung zuerst der Kernkörperchen und um diese der allmählich wachsenden Kerne aus dem feinkörnigen Inhalt der Mutterzelle, sodann die einseitige, uhrglasförmige Erhebung der Zellmembran von dem Kern und ihre allmähliche Erweiterung, woraus die wandständige Lage des Kerns sich erklärt. Den Kern nennt S c h l e i d e n Cytoblast, Bildner der

---

1) Manifestation en l'honneur de Mr. le professeur T h. S c h w a n n. Liège 1878. p. 51.

2) Beiträge zur Phytogenesis. S. 137.

Zelle, aus dem doppelten Grunde, weil er der Entwicklung der Zelle vorangeht und weil er in der Regel mit der vollendeten Entwicklung schwindet, mit derselben also seine Aufgabe erfüllt zu haben scheint.

In der Thierphysiologie hatte das Dogma von der Entwicklung des Festen aus dem Flüssigen zu tiefe Wurzeln geschlagen, als dass ein Zweifel an der freien Zellenbildung hätte Platz greifen können. Von dem Ei glaubte man zu wissen, dass das Keimbläschen seinen Inhalt erst an den Dotter abgegeben haben müsse, bevor der Aufbau des Embryo seinen Anfang nehme. Unter den physiologischen Nahrungssäften und den pathologischen Exsudaten stellte man sich um so bestimmter reine Flüssigkeiten vor, je mehr die eben aufgefundenen Gesetze der Endosmose die Ueberzeugung von der Impermeabilität thierischer Membranen für feste Moleküle bestärkt hatten.

Die Berichte, welche S c h w a n n aus verschiedenen Stadien seiner Untersuchungen vorläufig publicirte [1]), zeigen uns den Entwicklungsgang seiner Ideen. Den Mittelpunkt der ersten Mittheilung bilden Beobachtungen über das Gewebe der Chorda und der Kiemenknorpel der Larve von Pelobates fuscus. Die oben erwähnten Befunde J o h. M ü l l e r's an der Chorda der Fische führten ihn auf dies Object und keines konnte damals geeigneter sein, die Harmonie thierischer und pflanzlicher Zellenbildung zu erweisen, da auch das Knorpelgewebe das Bild in einander eingeschachtelter Zellen darbot. Am bebrüteten Hühnerei constatirt er die Zusammensetzung der Keimblätter aus epithel-artigen Zellen, und auf diese Thatsache, zusammengehalten mit der Kernzellen-Natur der Blutkörperchen baut er den Schluss, dass die Grundlage aller spätern Organe aus Zellen zusammengesetzt sei. Er hat Aussicht, dies für das Drüsen-, Nerven- und Muskelgewebe durchzuführen, ist aber einstweilen noch darauf gefasst, dass die Analogie des pflanzlichen und thierischen Wachsthums auf einzelne Gewebe beschränkt bleibe. Schon bei dieser ersten Gelegenheit konnte S c h w a n n verkünden, dass sein Entwicklungsprincip für pathologische Neubildungen ebenfalls gelte und dass J o h. M ü l l e r am Enchondrom und andern Geschwülsten die zellige Structur und die Entstehung von Zellen in Zellen bestätigt habe.

---

1) Froriep's Neue Notizen. Bd. V. Nr. 3. Jan. Bd. V. Nr. 15. Febr. Bd. VI. Nr. 2. April 1838.

Die zweite Mittheilung bezieht sich auf Untersuchungen an Embryonen höherer Thiere, insbesondre von Schweinen. An den embryonalen Horngeweben, Klauen und Federn, wird die Zusammensetzung aus polygonalen Kernzellen, an der Linse des Embryo die Verlängerung der Zellen in Fasern nachgewiesen. Am ausführlichsten wird die Entwicklung des Bindegewebes behandelt und zwar im Sinne freier Zellenbildung. In einer gallertartigen structurlosen Masse entstehn die kleinen, kugligen, körnigen Kernzellen, die allmählich Cylinderform annehmen und nach zwei entgegengesetzten oder nach mehreren Richtungen sich verlängern. Muskelbündel und Nervenfasern lässt der Autor aus aneinandergereihten und in einander sich öffnenden Zellen hervorgehn, die Capillarnetze aus in einander mündenden Fortsätzen sternförmiger Zellen.

Die Frage nach der Herkunft der Zellen ist in den Hintergrund getreten. Auch die dritte Abhandlung enthält nur noch Einzelheiten bezüglich der Umwandlung der Zellen in die reifen Gewebe, so wie die Entdeckung des Kerns in der Wand der Fettzellen. Sie kündigt das Erscheinen einer besondern Schrift an, in welcher die Thatsachen ausführlich und systematisch vorgetragen werden sollen.

Diese Schrift [1]), deren Vorrede vom März 1839 datirt ist, zerfällt nach einer Einleitung, welche S c h l e i d e n's Beobachtungen wieder giebt, in folgende drei Abschnitte: 1. über die Structur und das Wachsthum der Chorda dorsalis und der Knorpel. 2. Ueber die Zellen als Grundlage aller Gewebe des thierischen Körpers. 3. Rückblick auf die vorige Untersuchung; der Zellenbildungsprocess; Theorie der Zellen. Die Uebersicht des Inhalts zeigt, dass S c h w a n n auch noch in diesem Werke den Hauptaccent auf die Vergleichung des Knorpelgewebes mit dem pflanzlichen legt. Wenn es zu beweisen gelänge, dass die meisten oder alle thierischen Gewebe sich aus Zellen entwickeln, so würde, wie er meint [2]), die Analogie dieser Zellen mit den Elementarzellen der Pflanzen höchst wahrscheinlich; sie werde aber dadurch gewiss, dass für ein einzelnes Gewebe im Detail die Uebereinstimmung seiner Zellen mit den Pflanzenzellen nachgewiesen sei.

1) Mikroskopische Untersuchungen über die Uebereinstimmung in der Structur und dem Wachsthum der Thiere und Pflanzen. Berlin 1839. 4 Taf.
2) a. a. O. S. 39.

Der zweite Abschnitt bespricht demnach die Gewebe, bei denen dies Detail nicht nachgewiesen ist und zwar in zwei Abtheilungen das Ei mit der Keimhaut und die bleibenden Gewebe. Die Zusammensetzung des Dotters aus zellenähnlichen Kugeln, der Keimhaut aus wirklichen Kernzellen wird in der ersten Abtheilung genauer beschrieben. In der zweiten ordnet der Verf. die Gewebe des Erwachsenen in 5 Klassen. Die erste umfasst die isolirten selbständigen Zellen (der thierischen Flüssigkeiten), die zweite die zu zusammenhängenden Geweben vereinigten selbständigen Zellen (Horngewebe, Pigment, Krystalllinse). In der dritten stehn Gewebe, deren Zellenwände untereinander oder mit der Intercellularsubstanz verschmolzen sind (Knorpel, Knochen, Zähne), in der vierten Gewebe, die aus Zellen entstehn, welche sich in Faserbündel theilen (Binde- und elastisches Gewebe), in der fünften endlich Gewebe, deren Wände und Höhlen mit einander verschmelzen (Muskeln, Nerven, Capillargefässe). Es versteht sich, dass ein System, welches auf die Resultate der ersten Durchwanderung eines kaum noch betretenen Gebietes, der Histogenie, gebaut war, nicht auf bleibende Geltung Anspruch machen konnte; war doch die Kenntniss der reifen Formen, welche den entwicklungsgeschichtlichen Untersuchungen hätte die Richtung geben müssen, noch in einem äusserst schwankenden Zustande. Doch halte ich es nicht für meine Aufgabe, auf eine Kritik der Stellung, welche Schwann den einzelnen Geweben anweist, näher einzugehn, da es ja der Histologie noch in diesem Augenblick an einem allgemein befriedigenden Eintheilungsprincip fehlt. Erwähnt sei nur, was ihr an dauerndem Gewinn auch aus diesem Abschnitt der Schwann'schen Schrift erwuchs, seine Beschreibung des sternförmigen Pigments (S. 88), der Zusammensetzung des Nagels aus Plättchen (S. 90), der Entwicklung der Federn aus Zellen (S. 93), des zelligen Ursprungs der Linsenfasern (S. 102); seine Entdeckung des Kerns der Schmelzprismen (S. 121), der von der Zahnpulpa ausgehenden, später nach Tomes benannten Zahnfasern (S. 127), der länglichen Kerne in den glatten Muskelfasern und der Kerne in der Axe und in der Scheide der Primitivbündel der gestreiften (S. 166). Die structurlose Scheide der Nervenfasern hatte zwar bereits Prochaska gesehen; zur allgemeinen Anerkennung gelangte sie aber erst durch Schwann (S. 174), der in ihr die Membranen der zur Faser aneinandergereihten primitiven Zellen vermuthete;

diese Vermuthung wurde in glänzender Weise bestätigt durch Ranvier's Schnürringe, die die Nervenfaser in Abtheilungen zerlegen, deren jede mit einem Zellenkern versehen ist. Ob Schwann mit seiner Darstellung der Entwicklung des Bindegewebes (S. 133 ff.) im Recht sei, wenn er jede primäre Zelle in ein Bindegewebsbündel auswachsen lässt, muss noch dahin gestellt bleiben. Nach den Untersuchungen von Kusnetzoff und Obersteiner [1]), welche Merkel und ich zu bestätigen hatten [2]), geht aus jeder Zelle eine einzige Bindegewebsfibrille hervor; doch fand seitdem die Schwann'sche Lehre in Boll [3]) einen Vertheidiger.

Die Umsicht und Gewissenhaftigkeit, die wir an Schwann's experimentellen Untersuchungen zu rühmen hatten, verlässt ihn auch auf dem morphologischen Gebiete nicht, wenn es sich um die Auslegung einer nach seiner Meinung zweifelhaften Thatsache handelt. Man lese nur, wie er sich zu der Frage verhält, ob das Keimbläschen Kern des Eies oder eine junge endogene Zelle sei (S. 49) oder wie er die Bedeutung der plasmatischen Knochenkanälchen erwägt (S. 115). Aber Vieles schien ihm unzweifelhaft, was im Laufe der Zeiten unhaltbar befunden wurde und während sein Grundsatz, dass alle Gewebe aus Zellen hervorgehn, sich mehr und mehr befestigte, musste sein Begriff von der Zelle, seine Vorstellung von den Umwandlungen der Zellen in die besondern Gewebe vielfachen Widerspruch erleiden.

Nach drei Richtungen hat die Schwann'sche Zellenlehre radicale Umgestaltungen erfahren. Erstens ergieng es der von ihm zugelassenen, ja an die Spitze gestellten freiwilligen Zeugung der Zellen genau so, wie der freiwilligen Zeugung selbständiger Organismen. Je mehr die Beispiele von Zellenproliferation sich häuften oder auch nur sich zu häufen schienen, desto verdächtiger, ich möchte sagen unliebsamer wurde die Theorie der Bildung von Zellen aus dem Blastem. Das Blastem oder Cytoblastem ist Schwann so sehr die Hauptsache, dass er über der Betrachtung desselben, welches er der Mutterlauge der krystallisirbaren Stoffe vergleicht, den Gegensatz der spontanen und gleichartigen Zeugung völlig aus dem Auge verliert und keinen Unterschied darin findet,

---

1) Vgl. meinen Jahresbericht für 1867. S. 38.
2) Ztschrft. für rationelle Medicin. 3. R. Bd. XXXIV. 1869. S. 57.
3) Archiv für mikroskop. Anat. Bd. VII. S. 275. Bd. VIII. S. 28. (1871).

ob der Niederschlag aus dem Blastem innerhalb oder ausserhalb
einer Zelle sich ereigne (S. 45). Und wo er nach Schleiden's
Vorgang eine endogene Zellenbildung zugiebt, legt er doch keinen
Werth auf ein wesentliches Attribut der Fortpflanzung, die Gleichartigkeit der Mutter- und Tochterzellen. Nicht einmal von den
Knorpelzellen möchte er behaupten, dass die in den ältern er-
zeugten jungen Zellen wirklich Knorpelzellen seien (S. 25. 204)
und ganz unbedenklich wendet er den Begriff der endogenen Zeugung auf alle die Fälle an, wo innerhalb eines aus reihenweise
verschmolzenen Zellen gebildeten Schlauchs Elemente, wie Blutkörperchen, Drüsenzellen u. dgl. entstehn sollten, die keine Aehnlichkeit mit den ursprünglichen Zellen haben.

Wie der Glaube an die freiwillige Zellenbildung erschüttert
wurde, änderten sich zweitens auch die Ansichten über den Mo-
dus der gleichartigen. Schleiden und Schwann kannten nur Eine
Art der Zellenproliferation, die endogene, und diese nur so, dass
die neuen Zellen klein in der Mutterzelle entstehn und dieselbe
erst durch allmähliches Heranwachsen ausfüllen. Schwann war bereits auf dem Wege zu einer richtigern Anschauung, indem er sich
der Beobachtungen von Rusconi und v. Baer[1]) über die Furchung
der Froscheier erinnerte. „Es wäre zu untersuchen", schreibt er[2]),
„ob nicht die Spaltung des Dotters auch auf einem Zellenbildungsprocess beruht, indem sich innerhalb des Dotters zunächst zwei
Zellen entwickeln, in jeder derselben wieder zwei neue u. s. f.".
Bald bestand kein Zweifel mehr an der Allgemeinheit dieses, die
Entwicklung des Embryo einleitenden Vorgangs; er wurde der
endogenen Zellenbildung als Vermehrung der Zellen „durch Theilung" gegenübergestellt und es erhob sich eine eifrige Controverse
darüber, ob an der Zerklüftung die Zellmembran durch Bildung
von Scheidewänden Antheil nehme, oder nicht. Wie sodann die
Theilung der Zellen durch Einschnürung und Halbirung vom Kernkörperchen an, hauptsächlich durch Remak's und Kölliker's Ini-
tiative, in Aufnahme kam und wie nun auch diese durch den
Process der Karyokinese verdrängt zu werden im Begriffe steht,
ist allgemein bekannt.

Eine tief eingreifende Wandlung erlitt die Schleiden-Schwann-

---

1) Müller's Archiv. 1834. S. 481.
2) a. a. O. S. 61.

sche Zellentheorie d r i t t e n s durch den Umschwung, der sich in
der Beurtheilung der Constitution der Zelle vollzog. Wenn die
Zellmembran sich so, wie die beiden Genannten es gesehn haben
wollten, von dem Kern abhebt, so ist sie der primäre und phy-
siologisch wesentlichste Theil des organischen Atoms, so bestimmt
sie, indem sie durch Intussusception wächst, zugleich den Inhalt
der Zelle. S c h w a n n nannte die Kraft eine m e t a b o l i s c h e, vermöge welcher die Zelle die Auswahl der Stoffe aus dem Cytoblastem trifft, und diese Kraft musste an der Zellmembran haften.
Mit Nothwendigkeit entsprang aus dieser Vorstellung von der Entstehung und dem Wachsthum der Zelle die Annahme, dass sie,
wenigstens in ihren primitiven Stadien, ein Bläschen mit flüssigem
Inhalt sei und wirklich suchte S c h w a n n diese ihre Eigenschaft
überall direct oder indirect, durch Nachweis der Molecularbewegung
der in der Zelle enthaltenen Körnchen, darzuthun. Heute erkennen
wir in den kernhaltigen Bläschen nur Eine und keineswegs die
primitive Form der Elementarzellen. Die jüngern Histologen, denen
man ein allzupedantisches Eingehn auf die Geschichte ihres Fachs
nicht zum Vorwurf machen kann, schreiben die Anbahnung dieser
Reform einer Abhandlung von M. S c h u l t z e [1]) zu. Durch diese Abhandlung wurde viel mehr das Gros der Zellentheoretiker, als die
Zellentheorie reformirt. S c h w a n n selbst tritt zwar unbedingt für
das Wachsthum der Zelle vom Kern aus, aber nicht unbedingt für
die Consolidirung der äussersten Schichte zur Membran ein; er
gibt zu, dass es bei vielen Zellen nicht zur Entwicklung einer
evidenten Membran, sondern nur zu einer Verdichtung der ober-
flächlichen Lage komme (S. 209). Auch an die Möglichkeit einer
Verschmelzung unvollendeter, d. h. an den Berührungspunkten
membranloser Zellen hat er gedacht (S. 219). Schon im Jahre 1841
begann mit B e r g m a n n's Untersuchungen über die Dotterfurchung [2])
eine Reaction gegen die Zellmembran und eine neue Auffassung
der Zellenbildung, die man später unter dem Namen der „Zellenbildung um den Inhalt" genauer formulirt hat. Fast alle entwicklungsgeschichtlichen Arbeiten, an der Spitze die von B i s c h o f f und
K ö l l i k e r, schildern die letzten Producte der Furchung, die Em-

---

1) Ueber Muskelkörperchen und das, was man eine Zelle zu nennen
habe. Müll. Arch. 1861. S. 1.
2) Müll. Arch. S. 92.

bryonalzellen, die in die Zellen der Keimhaut sich umwandeln, als hüllenlose kernhaltige Klümpchen einer zähen, die Dotterkörnchen zusammenhaltenden Substanz. In meinem Handbuche der allgemeinen Anatomie citirte ich zahlreiche Beispiele normaler und pathologischer Zellenbildung, in welchen die Membran erst nachträglich oder gar nicht zu Stande kömmt; sie schien überflüssig bei einer einigermassen festen Consistenz des Zellkörpers und wird erst erforderlich und vielleicht auch dann erst ausgeschieden, wenn das um den Kern gesammelte Blastem sich verflüssigt. Ein Fehler war es allerdings, den Namen Zelleninhalt beizubehalten, nachdem der Gegensatz zwischen Hülle und Inhalt aufgegeben war und S c h u l t z e that wohl daran, der Gleichartigkeit der Zellsubstanz durch Ausdrücke, wie Protoplasma, Zellleib u. A. gerecht zu werden [1]). Aber er ging jedenfalls zu weit, wenn er die mit einer äussern Membran versehenen Zellen durchgängig für abgelebte, weiterer Entwicklung unfähige erklärte. Man wird die Zellen im Schwann'schen Sinne nicht aus der Reihe der Elementartheile der lebenden Organismen streichen dürfen, wenn auch ihre Entwicklung nicht nach dem Schwann'schen Schema vor sich geht.

Wie dem sei, durch Missgriffe in der Anwendung des Princips der Zellentheorie auf Einzelheiten kann der Werth des Princips nicht vermindert und das Verdienst des Entdeckers nicht geschmälert werden. Während die Detailkenntnisse, abhängig von der Zuverlässigkeit der Präparationsmethoden, von der Güte der Hülfsmittel und von der Witzigung der Beobachter, langsam und schwankend vorschreiten, danken wir der Theorie die dauernde Frucht, dass wir das Verhältniss der einfachsten zu den complicirtesten Organismen, des Keims zum ausgebildeten Geschöpf, der normalen zur krankhaften Bildung richtig verstehn und dass jeder Fortschritt unseres Wissens in dem Einen der organischen Reiche dem andern zu Gute kömmt. Die einschneidendste Metamorphose, welche die Schwann'sche Zellenlehre erlebte, die Beseitigung der

---

1) Ob es deshalb auch nothwendig sei, die Bezeichnung „Zellen" zu verbannen und sie etwa, nach B r ü c k e's Vorschlag durch „Elementarorganismen" zu ersetzen, möchte ich verneinen. Es hindert uns nichts, mit dem alten Namen, der das organische Atom repräsentirt, einen neuen Begriff zu verbinden oder vielmehr den ursprünglichen Begriff zu erweitern, indem wir bläschenförmige und solide Körperchen darunter zusammenfassen.

spontanen Zellenzeugung, vollzog sich ebenso auf unrichtigen Prä-
missen. Der Virchow'sche Satz, omnis cellula e cellula, bricht sich
Bahn, obschon zum Beweise desselben anfänglich nur von Eiter-
körperchen erfüllte Bindegewebslücken herangezogen waren, auf
dass das Wort des Dichters sich erfülle:

Mit dem Genius steht die Natur in ewigem Bunde,
Was dir der Eine verspricht, hält dir der andre gewiss,

wenn auch mitunter auf seltsamen Umwegen.

Es bleibt noch über den dritten Abschnitt des Schwann'schen
Werkes zu berichten, der die Thatsachen zu erklären unternimmt,
die, man muss es dem Verf. zugeben, in den beiden ersten Ab-
schnitten möglichst objectiv und möglichst reservirt vorgetragen
wurden. Die Erklärungen theilen, wie sich von selbst versteht,
das Schicksal der Thatsachen. Man mag sich erfreuen an dem
Scharfsinn, mit welchem der Autor Cytoblastem und Mutterlauge,
Zellen und Krystalle vergleicht, die Entstehung der Zellen auf die
Concentration des Blastems zurückführt und schliesslich die Zellenbildung als die den imbibirbaren Materien eigenthümliche Kry-
stallisationsweise darstellt. Aber mit dem Glauben an die zellen-
zeugende Kraft des Blastems fällt auch dies theoretische Gebäude.
Seitdem wir Zellen nur als Nachkommen von Zellen entstehn sehn,
gilt für sie, was wir längst als einen fundamentalen Unterschied
zwischen anorganischen und organischen Körpern anerkannt haben,
dass nämlich jene in jedem Augenblick neu aus ihren Elementen
geschaffen werden können, während diese, die Organismen, sich
nur in ungestörter Continuität zu erhalten vermögen und jedes
Einzelwesen die Wirkung der Einflüsse, denen die Reihe seiner
Vorfahren unterworfen war, zur Schau trägt.

Indem Schwann sodann auf die Ursachen eingeht, welche die
manchfaltigen Formen der Zellen hervorbringen, kömmt er, nach
einigen Versuchen mechanischer Erklärung, wie z. B. der platten
und polygonalen Formen durch gegenseitigen Druck, doch sehr
bald zu dem Ausspruch, dass die Kraft, welche überhaupt das
Wachsthum der Zellen bewirkt, auch den gleichmässigen oder
ungleichmässigen Ansatz der neuen Moleküle zu veranlassen im

Stande sei [1]). Und so handelte es sich zuletzt um diese Kraft, d. h. um das in organischen Körpern thätige Princip, das zu jener Zeit noch unter dem Namen Lebenskraft umging.

Die zum Monismus vorgeschrittenen Anhänger der Descendenzlehre lieben es, Schwann als einen der Ihrigen zu preisen und sich auf seine Auffassung der Lebensthätigkeit zu berufen, mit einem gewissen Anschein von Recht. Bei der Untersuchung der „Grundkräfte der Organismen" stellt sich der Begründer der Zellenlehre vor die Alternative zwischen zwei Ansichten, die er als teleologische und physikalische characterisirt. Die teleologische nehme an, dass jedem Organismus eine Kraft zu Grunde liege, die ihn nach einer ihr vorschwebenden Idee forme; nach der physikalischen Ansicht wirken in der organischen Welt, wie in der anorganischen, die Kräfte durchaus nach Gesetzen der Nothwendigkeit, blind und ohne Rücksicht auf einen Zweck; sie seien ebenso mit der Existenz der Materie gesetzt, wie die physikalischen Kräfte und kämen nur deshalb in der anorganischen Natur nicht vor, weil in dieser die Combinationen der Moleküle fehlen, an welchen die Kräfte haften. Schwann entscheidet sich für die letztere Alternative; in Folge davon musste er am Schlusse seines Werks die Erklärung der specifischen Zellenformen, die ihm anfangs genügt hatte, aufgeben. „Die Zelle", heisst es auf Seite 45, „einmal gebildet, wächst durch ihre individuelle Kraft fort, wird aber dabei durch den Einfluss des ganzen Organismus so geleitet, wie es der Plan des Ganzen erfordert". Ein Einfluss des Plans des Ganzen auf die Entwicklung der Theile findet in der physikalischen Naturbetrachtung keine Stelle. So nimmt Schwann diese Anschauung geradezu zurück, indem er S. 228 sagt: „Der Grund der Ernährung und des Wachsthums liegt nicht in dem Organismus als Ganzem, sondern in den einzelnen Elementartheilen, den Zellen". An dem Ei und an den zu weiterer Entwicklung nach der Abtrennung befähigten Zellen niederer Pflanzen lasse sich das selbständige Leben unmittelbar nachweisen. Wenn nicht jede einzelne Zelle nach der Lösung vom Organismus weiter wachse, so sei dies ebenso wenig ein Einwurf gegen ihre Selbständigkeit, als es ein Einwurf gegen das selbständige Leben einer Biene ist, wenn sie getrennt von ihrem Schwarm auf die Dauer

---

1) a. a. O. S. 217.

nicht fortbestehn kann. Die Aeusserung der der Zelle inwohnenden Kraft hänge eben von Bedingungen ab, die ihr nur im Zusammenhang mit dem Ganzen geliefert werden. Wir begegnen keinem Versuch, diese Bedingungen irgendwie zu formuliren.

Um nichts verloren gehn zu lassen, was ein so eminenter Kopf zur physikalischen Erklärung der Erscheinungen des organischen Lebens erdacht hat, schalte ich hier aus einer spätern, wenig bekannten Schrift unsers Verfassers[1]) die Hypothese ein, durch welche er begreiflich zu machen sucht, warum organische Wesen des Stoffwechsels bedürfen. Er erinnert an die zahlreichen Erscheinungen, welche beweisen, dass Moleküle im Moment der Befreiung aus einer Lösung oder Verbindung (im Status nascens) viel wirksamere Eigenschaften besitzen, als nach Herstellung des chemischen Gleichgewichts und meint, dass die Functionen des Nerven- und Muskelsystems eine Beweglichkeit der Moleküle erfordern, deren vielleicht nur die frisch abgelagerten fähig seien.

So weit stimmt Schwann's Monismus mit dem modernen überein. Was ihn von demselben unterscheidet, ist schon das sehr wesentliche Zugeständniss (S. 226), dass unter der physicalischen Erklärung der organischen Erscheinungen nicht nothwendig eine Erklärung durch die bekannten physikalischen Kräfte zu verstehen sei, sondern überhaupt eine Erklärung durch Kräfte, die nach strengen Gesetzen der blinden Nothwendigkeit, wie die physicalischen Kräfte wirken, mögen diese Kräfte auch in der anorganischen Natur auftreten, oder nicht. Hierbei möge man sich erinnern, welche Art organischer und namentlich medicinischer Teleologie es war, deren Beseitigung Schwann sich angelegen sein liess. Noch herrschten in Physiologie und Pathologie die Ideen van Helmont's und Stahl's, wonach die Reactionen organischer Körper von einem Wesen geleitet werden sollten, das spontan und vernünftig den Organismus, den es bewohnt, gegen die Aussenwelt vertheidigen sollte. Schwann führt selbst als ein Beispiel dieser nicht zu duldenden Teleologie die dazumal landläufigen Theorien an, welche Entzündung und Fieber von dem „Bestreben" des Organismus, eine Schädlichkeit los zu werden, herleiteten. Diese

---

1) Anatomic du corps humain. Bruxelles. Société pour l'émancipation intellectuelle. s. a. (erschien 1855). p. 88.

mythische, anthropomorphistische Teleologie, welche Absichten für Ursachen verkauft und dadurch den Blick von den Ursachen ablenkt, bekämpften wir gemeinschaftlich und, wie ich heute sagen darf, mit Glück. Aber einer Teleologie in dem Sinne, in welchem ich die „Idee der Gattung" zu Hülfe nahm und v. Baer das Wort „Zielstrebigkeit" empfahl, würde Schwann sich schwerlich widersetzt haben; er hätte auch nach der Forderung, die er in dem eben angezogenen Satze an eine physicalische Erklärung stellt, kein Recht dazu gehabt. Denn nach diesem Begriff ist die Kraft, die den Organismus baut und ihm sein räumliches und zeitliches Ziel steckt, zwar mit keiner der anorganischen Naturkräfte identisch, aber doch eine Kraft, die „nach strengen Gesetzen der blinden Nothwendigkeit" wirkt und gegen äussere Einflüsse reagirt. Noch im Jahre 1867, in dem Bericht über eine Abhandlung Husson's, welche experimentell den Einfluss kieselsaurer Salze auf die thierische Oekonomie untersucht[1]), äussert Schwann zwar seine Freude über die Fortschritte, welche die von ihm inaugurirte Behandlung physiologischer Fragen gemacht habe, ist aber weit entfernt zu behaupten, dass sich alle Lebenserscheinungen ausschliesslich aus den Gesetzen der Physik und Chemie erklären. Die physikalische Methode soll nur dahin führen, mit Sicherheit den Punkt zu bestimmen, an welchem eine andere Erklärungsweise einzutreten habe.

Aber um treu die in der Zellenlehre ausgesprochene Weltanschauung wiederzugeben, muss ich die Kluft zwischen ihr und dem Monismus noch erweitern. Schwann war in Folge seiner Erziehung und der Umgebung, in welcher er aufgewachsen war, strenggläubiger Katholik; er war es in dem Maasse, dass die Consequenzen, welche die Durchführung der Zellentheorie ergaben, ihn anfänglich beunruhigten. Freiwillig unterwarf er sein Werk, an welches er zur Zeit seiner Berufung nach Löwen die letzte Hand legte, der Begutachtung des Erzbischofs von Mecheln, der glücklicher Weise gegen die Selbständigkeit der Zellen nichts einzuwenden fand. Man wird fragen, wie mit der Entgötterung der Natur, der Verläugnung eines immateriellen Princips in der organischen Schöpfung der fromme Glaube sich vertragen habe. Die Antwort, so weit die „mikroskopischen Untersuchungen" sie

---

1) Bulletins de l'acad. royale de Belgique. T. XXIV, p. 103.

enthalten, findet sich in folgendem Ausspruch (S. 222): Der Grund der Zweckmässigkeit des Organismus liegt nicht darin, dass jeder Organismus durch eine individuelle, nach einem Zweck wirkende Kraft hervorgebracht wird; sondern er liegt darin, worin auch der Grund der Zweckmässigkeit in der anorganischen Natur liegt, in der Schöpfung der Materie mit ihren blinden Kräften durch ein vernünftiges Wesen." Der Gegensatz zwischen dieser Ansicht und derjenigen Teleologie, welche heute noch Anhänger zählt, lässt sich so definiren: die moderne Teleologie betrachtet die Kraft, vermöge welcher der Entwicklungsplan verwirklicht wird, als ein Attribut m a t e r i e l l e r Wesen, welche jene Kraft durch die Zeugung von Generation zu Generation übertragen; die Schwann'sche Weltanschauung denkt sich alle diese specifischen Entwicklungspläne und die Macht, dieselben auszuführen, in der Hand eines i m m a t e r i e l l e n Schöpfers vereinigt, der zugleich der Schöpfer des Himmels und der Erde ist. Dem populären Bedürfniss, das nie aufhören wird, Aufklärung über Ursprung und Zweck des Weltganzen zu verlangen, mag diese Deutung, die mit der allgemeinsten Grundlage aller Religionen übereinstimmt, mehr entsprechen; vom Standpunkte der Naturwissenschaft, der die Ewigkeit der Materie ebenso unfasslich ist, wie die Erschaffung derselben, müsste, wie mich dünkt, die teleologische Ansicht, die nur eine Thatsache ausspricht, annehmbarer erscheinen, als die religiöse, die ein Glaubensartikel oder eine Hypothese ist.

Als Vertreter des entschiedensten Dualismus lernen wir S c h w a n n in der oben erwähnten populären Anatomie[1]), in einem am 4. Juni 1870 in der Academie gehaltenen Vortrag[2]) und in der Rede kennen, mit der er die bei seinem Jubiläum gespendeten Glückwünsche beantwortete[3]). In dem Menschen allein erkennt er ein Princip an, das sich vor allen Kräften der Materie durch seine Freiheit auszeichne. Die Verbindung dieses freien Princips mit der Gehirnsubstanz hat zur Folge, nicht nur die von der Aussenwelt stammenden Erregungen zu modificiren, sondern auch seine eigene Thätigkeit zu bestimmen und dadurch mittelst der Nerven auf die Muskeln zu wirken. So ist dies Princip im Stande,

---

1) p. 38. 48. 84.
2) Bulletins de l'académie royale des sciences. 2e sér. T. XXIX. p. 683.
3) Manifestation p. 53.

Bewegungen hervorzurufen, die nicht, wie bei dem Thier, eine noth-
wendige Folge eines durch eine ununterbrochene Kette von Ursachen und Wirkungen empfangenen Eindrucks sind, sondern
durch das immaterielle Princip angeregt, gewissermassen erschaf-
fen werden. In dem academischen Vortrag, mit welchem Schwann
die Interpellation von d'Omalius d'Halloy, eines Vertheidigers der
Teleologie im Sinne der Zielstrebigkeit, beantwortet, spricht Schwann
sich zwar gegen die Existenz einer quasi-intelligenten Kraft aus,
die ohne Bewusstsein wirke, aber auch ebenso bestimmt gegen die
neuere Theorie der untrennbaren Verbindung von Kraft und Materie. Die Theorie beruhe auf einem in den Naturwissenschaften
nur zu gewöhnlichen Fehler der Methode, auf der ungerechtfer-
tigten Uebertragung eines Princips, das von einer grossen Zahl
von Fällen abstrahirt sei, auf alle Fälle. Das Princip der Verbindung von Kraft und Materie gründe sich auf Thatsachen, denen
der Charakter der Freiheit fehle und dürfe nicht auf Thatsachen
ausgedehnt werden, die das Dasein freier Kräfte beweisen. Für
solche freie Kräfte zeugen innere Vorgänge, Vorgänge des Be-
wusstseins; wir erfahren in jedem Moment, dass wir alle Eigenschaften besitzen, die von der Freiheit unzertrennlich sind, wie
vor Allem das Selbstbewusstsein und diese inneren unmittelbaren
Erfahrungen haben mindestens dieselbe Gewissheit, wie die Erfahrungen von den Aussendingen, die durch Werkzeuge, durch
Vermittlung der Sinne, gewonnen werden.

Mit den „Mikroskopischen Untersuchungen" endet Schwann's
literarische Thätigkeit auf deutschem Boden, ja fast seine literarische Thätigkeit überhaupt. Wenn man seinen Lebensgang mit
Rücksicht auf Productivität betrachtet, so steht man verwundert
vor der Thatsache, dass ein Schriftsteller, der in den ersten fünf
Jahren seiner Laufbahn die Welt mit einer Anzahl von Arbeiten
aus verschiedenen Gebieten beschenkt, deren jede zu den höchsten
Erwartungen nicht berechtigt, sondern sie erfüllt, dass ein solcher
Schriftsteller die folgenden vierzig Jahre seines Daseins in bei-
nahe vollständiger Zurückgezogenheit verbringt. Schickt es sich,
den Gründen dieser eigenthümlichen Erscheinung nachzuspüren?
Gewiss nicht, um Stoff zu einem Tadel oder einer Klage zu finden.
Denn es wäre undankbar, von einem Menschenleben mehr zu ver-

langen, als das seinige in der kurzen Zeit seiner Publicationen dem Fortschritte der Wissenschaft geleistet hat. Und wenn er sich in Berlin die Freiheit des Privatgelehrten zu Nutze machte, warum hätte er nicht in Belgien in seiner amtlichen Thätigkeit aufgehn dürfen? Dass er sich mit ganzer Seele dem Lehrerberuf widmete, die experimentelle Methode nicht nur in seine Vorlesungen einführte, sondern auch beständig mit der Prüfung der Neuerungen beschäftigt war, bezeugen seine Schüler und Collegen und seine zum Theil sehr eingehenden Referate an die Brüsseler Akademie der Wissenschaften [1]).

Nicht um anzuklagen, auch nicht um zu entschuldigen, sondern im rein psychologischen Interesse suchen wir uns die Verhältnisse zu vergegenwärtigen, die unsern Helden veranlassten, von der Bühne zurückzutreten, auf welcher er so unerhörte Erfolge errungen hatte. Man hat dafür wohl den Mangel eines genügenden Instituts, den Mangel an Anregung in der fremden Umgebung verantwortlich gemacht. Dies trifft nicht zu bei einem Manne, der Jahre lang gewohnt war, sein Laboratorium im engsten Wohnraum aufzuschlagen und der bis dahin seiner Umgebung sicherlich mehr Anregung mitgetheilt, als von ihr empfangen hatte. Einem äussern Umstand lässt sich allerdings das anfängliche Verstummen in dem neuen Wirkungskreise zuschreiben. Schwann betrat denselben mit dem Grade von Fertigkeit im Gebrauch der französischen Sprache, den die Gymnasialbildung damals gewährte und noch heute gewährt. Es blieb ihm deshalb nichts übrig, als seine Collegien deutsch auszuarbeiten, mit Hülfe eines Landeskindes in's Französische zu übersetzen und dann mehr oder weniger frei vorzutragen. Dass damit und mit dem Einleben in die systematische Anatomie die ersten Jahre ziemlich ausgefüllt waren, ist leicht zu begreifen. Als er dann sich wieder freier zu bewegen im Stande war, hatte bereits die allgemeine Anatomie und mit ihr die Zellentheorie die wechselvolle Gestalt angenommen, in der sie sich bis auf den heutigen Tag

---

1) Ein Verzeichniss dieser Referate, die sich über alle Zweige der naturwissenschaftlichen und medicinischen Studien verbreiten, findet sich im Anhang. Ich habe aber in dasselbe nur die Urtheile aufgenommen, in welchen Schwann als Verfasser des Berichts auftritt, während er noch in vielen andern Fällen, namentlich in den letzten Jahren neben Van Beneden, die mit dem Bericht beauftragte Commission bilden half.

bewegt. Joh. Müller hatte sich von ihr abgewandt, weil, wie er sich einmal mündlich gegen mich äusserte, „Jeder mitsprechen wollte". Reichert's Angriff gegen die fasrige Structur des Bindegewebes hatte die langwierige Bindegewebs-Controverse eröffnet, die, wie ich aus Hartmann's Handbuch der Anatomie zu meinem Leidwesen ersehe, für die Berliner Schule auch jetzt noch nicht ganz beendet scheint. Die Entwickelung der Gewebe war Gegenstand eifrigster Forschung geworden, aber auch nicht das kleinste Detail derselben war unbestritten. Kann man es dem Manne, auf dessen, um mit Platen zu reden, junge noch glatte Stirn der Schatten eines unverwelklichen Lorberblattes fiel, verdenken, dass er es verschmähte, sich in den heftigen Kampf der Histologen um ihre offenbar sehr verwelklichen Lorberen zu mischen?

Noch Einen Punkt glaube ich erwähnen zu dürfen. Wie ich schon oben andeutete, so war Schwann durch Neigung, vielleicht auch durch die Art seiner geistigen Anlage mehr auf die physiologischen, als auf die anatomischen Disciplinen angewiesen. Auch während er die anatomische Professur versah, blieb sein Sinn auf das physiologische Experiment gerichtet und die erste und einzige grössere Arbeit, die während seines Aufenthaltes in Löwen in die Oeffentlichkeit gelangte, war eine experimentelle, „Versuche, um auszumitteln, ob die Galle im Organismus eine für das Leben wesentliche Rolle spielt"[1]). Sie ist seines Genius vollkommen würdig. Vor ihm hatten Tiedemann und Gmelin und viele Andere, um den Antheil der Galle an dem Verdauungsprocess kennen zu lernen, durch Unterbindung des Gallengangs die Galle vom Duodenum ausgeschlossen, damit aber nur sehr zweifelhafte Resultate erzielt, weil der Versuch in hohem Grade unrein war. Die Complication, die er dadurch erfuhr, dass die Galle in der Leber, die Gallenbestandtheile im Blut zurückgehalten wurden, machten es unmöglich, die Folgen des Mangels derselben im Darmkanal zu ermessen. Dies störende Moment beseitigte Schwann dadurch, dass er zugleich mit der Verschliessung des Ductus choledochus eine Gallenblasenfistel anlegte, durch welche die abgesonderte Galle sich nach aussen entleeren konnte. Wenn danach, so schloss er, das Leben sich erhält, so ist der rein excrementitielle Character

---

1) Müller's Archiv 1844. S. 127. Nouv. mémoires de l'acad. roy. de Belgique. T. XVIII.

der Galle unzweifelhaft bewiesen, führt dagegen der Versuch, auf diese Weise ausgeführt, zum Tode, wobei natürlich von den unmittelbaren Folgen der Operation abzusehn ist, so lässt sich schliessen, dass die Leber vermittelst ihres Secrets neben der Aufgabe, das Blut von gewissen Auswurfsstoffen zu befreien, noch andern Zwecken im Organismus dient. Zahlreiche, an Hunden angestellte Experimente sprachen für die Unentbehrlichkeit der Galle. Die operirten Thiere fiengen alsbald an abzumagern und starben nach 2—3 Wochen an Erschöpfung. Eine zweite Reihe von Versuchen, über welche Schwann brieflich an R. Wagner berichtet [1]), wurde unternommen, um eine Fehlerquelle zu beseitigen, welche in die erste Reihe vielfach störend eingegriffen hatte, die Neigung der Gallenblasenfistel, sich zu schliessen, wodurch der Ausfluss der Galle gehemmt, die Secretion selbst beeinträchtigt wurde. Durch Einlegen einer Canüle wurde diesem Uebelstande abgeholfen. Aber auch so erreichten die Thiere ihr früheres Gewicht nicht wieder und starben, wenn auch nach viel längern Zeiträumen.

Am Schlusse seiner Abhandlung zeichnet Schwann die nunmehr einzuschlagenden Wege vor, um zu erfahren, ob die Galle im Darm zur Auflösung von Nahrungsstoffen oder zur Umwandlung aufgelöster Nahrungsstoffe diene oder ob sie ihre Wirkung erst nach der Resorption aus dem Darm in der Lymphe oder im Blute äussere. Die Vorschläge kamen nicht zur Ausführung und die Angelegenheit wurde sehr verwickelt, als die unter der Leitung von Bidder und Schmidt angestellten Versuche [2]) ergaben, dass durch reichlichere Nahrung der Schaden, den die Ableitung der Galle nach aussen stiftet, ausgeglichen werden kann.

Ein im Jahre 1843 von Schwann und Quetelet projectirtes, von der Brüsseler Academie begünstigtes Unternehmen [3]), welches die periodischen Erscheinungen am menschlichen Körper in grossem Maassstabe statistisch festzustellen bezweckte, scheint aus Mangel an Theilnahme der zur Mitwirkung aufgeforderten Corporationen bald wieder untergegangen zu sein. Schwann's Beiträge,

---

1) R. Wagner's Handwörterbuch der Physiologie. Bd. III. Abth. 1. 1846 S. 837.

2) Schellbach, de bilis functione ope fistulae vesicae felleae indagatae. Dorpat 1850.

3) Bulletins de l'académie royale de Bruxelles. T. X. P. 2. p. 10.

Gewichtsbestimmungen einer Anzahl innerer Organe menschlicher Leichen aus verschiedenen Lebensaltern, finden sich in tabellarischer Form im 16. und 18. Bande der neuen Memoiren der Brüsseler Academie (1843 und 1845).

Das anatomische Compendium, welches als Theil einer „Encyclopédie populaire", von einer Gesellschaft für intellectuelle Emancipation herausgegeben, 1855 erschien, zeichnet sich durch verständliche Darstellung der Organe und Functionen des menschlichen Körpers aus, würde sich aber für intellectuelle Emancipation, wie wir sie heutzutage verstehn, kaum verwerthen lassen.

Wenn ich noch einer Mittheilung an die Academie über einen Regen von nicht näher bestimmten Samenkörnern in der Gegend von Heinsberg [1]) und über abnorme Temperatur-Erhöhung einer Bodenfläche bei Lüttich [2]) gedenke, so glaube ich nichts unbeachtet gelassen zu haben, was von S c h w a n n's naturwissenschaftlichen Beschäftigungen in die Oeffentlichkeit trat. Zu diesen Beschäftigungen steht die letzte seiner Publicationen [3]) nur in entfernter Beziehung; es ist ein Protest gegen einen frommen Betrug, zu welchem sein angesehener Name missbraucht werden sollte. Die Geschichte der Luise Lateau in Bois d'Haine ist bekannt. Nachdem sie durch die an ihren Händen und Füssen hervorgetretenen Wundenmale und durch ihre ekstatischen Zustände und Visionen fast ein Jahr lang die Aufmerksamkeit der Bevölkerung in Athem gehalten hatte, erhielt Schwann die Aufforderung, einer Commission beizuwohnen, die zu prüfen beauftragt war, ob die Erscheinungen zur Annahme eines übernatürlichen Einflusses nöthigten. Schwann gewann die Ueberzeugung, dass dies nicht der Fall sei und sprach sich den geistlichen Herrn gegenüber unumwunden in diesem Sinne aus. Da musste er es erleben, dass alsbald in den belgischen Blättern und, trotz seiner sofortigen Gegenerklärung, wiederholt in spätern Schriften ihm Worte in den Mund gelegt wurden, die eine Anerkennung des Wunders enthielten. Die erwähnte Broschüre legt die Schritte dar, welche der Verf. vom

---

1) Sur des graines tombées de l'air dans la Prusse rhenane. Bulletins de l'acad. roy. de Belgique. T. XIX. P. 2. p. 5. 1852.

2) Ebendas. 3e série. T. III. p. 6. 1857.

3) Mein Gutachten über die Versuche, die an der stigmatisirten Luise Lateau am 26. März 1869 angestellt wurden. Köln und Neuss 1875.

Jahre 1869 an mit wachsender Energie, aber stets gleicher Erfolglosigkeit unternahm, um die gegen ihn verbündeten Zeugen zur Zurücknahme ihrer falschen Aussagen zu vermögen. Schwann war durch die Weltanschauung, die er sich gebildet hatte, nicht verhindert, an moderne Wunder zu glauben. Aber er war ein Mann von Grundsätzen und wie er im Reiche der Organismen besondere Kräfte nur da anzunehmen gestattete, wo die bekannten physikalisch-chemischen zur Erklärung nicht genügten, so auch verbot ihm sein Gewissen, an ein überirdisches Eingreifen zu glauben, bevor nicht jede Möglichkeit ausgeschlossen war, die Erscheinungen auf naturgesetzlichem Wege zu verstehn. Betrachten wir den Eifer, mit dem der sonst so milde Character den geistlichen Würdenträgern entgegentritt, um die Welt vor einer Täuschung zu behüten, so gewahren wir zu unserer freudigen Genugthuung, dass ihm noch höher als der Gott seiner Kirchenfürsten die Göttin stand, der sein Leben geweiht war, die Wahrheit.

Anhang.

Verzeichniss der von Schwann in den Bulletin's der belgischen Akademie der Wissenschaften erstatteten Rapports.

1843 (T. X. P. 2. p. 123). In Verbindung mit Dumortier über eine Abhandlung Guillot's, Anatomie der Nervencentren in den 4 Classen der Wirbelthiere.

1847 (T. XIV. P. 2). Poelman, Verdauungsapparat des python bivittatus.

1853 (T. XX. P. 3). Bericht über zwei Preisschriften, von Udekem über den Regenwurm und von Lieberkühn über die Gregarinen.

1857 (T. XXIV. P. 3). Rameaux, des lois suivant lesquelles les dimensions du corps dans certaines classes d'animaux déterminent la capacité et les mouvements fonctionels des poumons et du coeur.

1860 (T. XXIX). v. Beneden, Embryologie der Crustaceen.

1862 (2e sér. T. XIV). Preisschrift von Cohnheim, den Muskeltonus betreffend.

1864 (T. XVII) mit Gluge über Melsens Empfehlung des Jodkalium gegen Blei- und Quecksilberkrankheiten.

1865 (T. XIX). Boddaert, Histologie des Rückenmarks. (T. XX) Mit Poelman über Plateau, von der Muskelkraft der Insecten.